"知ってるつもり"から抜け出す!

「国際関係」の基本がイチからわかる本

坂東太郎
日本ニュース時事能力検定協会 委員

日本実業出版社

はじめに

筆者はニュース解説者です。日々報道されるニュースを、できるだけわかりやすく紹介するのを仕事としています。

政治、経済、暮らし、社会といったさまざまなカテゴリーを紹介していますが、その中で最も幅広いのが「国際」でしょう。日本を含めた全世界のありとあらゆる情報が「国際」という言葉でひとくくりにされるのですから。

本書で紹介していく「国際関係」とは、そのありとあらゆる情報のつながりを指す言葉です。

国際関係については、「知らなくても困らない」ものです。欧州連合（ＥＵ）や東南アジア諸国連合（ＡＳＥＡＮ）のしくみがよくわからないからといって、日々の生活で困難をきたすことほとんどありません。

でも、知らなくても何の問題もないのかというと、少し違います。貿易から観光旅行に至るまで、外国との付き合いは、それぞれの国の決まりや世界的なルールに沿って行われています。当然、これらについて知っておいたほうが、より世の中に対する理解が深まるはずです。また、よくいわれる「グローバル化」とは何なのかについて知るためにも、国際関係の知識は必須であるといえるでしょう。

本書ではまず、大半の人が「かたまりとして妥当」と何となく認識している、「国」とは何か、ということから説き起こしました。次にそれらを結びつける、「外交」や「国際法」と呼ばれる用語について解説します。これらの言葉も、知っているようでイザその意味を問われると、「？」となる人が多いのではないでしょうか。

これらをふまえた上で、アメリカ、中国、ＥＵなど、話題になりやすい国や地域については、比較的力を入れて説明するようにしました。

また、皆さんもご存じの「国連」は、不完全でありながらも世界をつなぐ機関として、「これ以上」が存在しないシステムです。ただしその役割を知っている人はほとんどいないでしょう。一方で、国連やそれに関連する組織についてのニュースは、毎日のように流されています。細かい部分はわからなくても、それがどのような意味合いなのかということについては、国連そのものの全体像とともに知っておいたほうがよさそうです。

この1冊で国際関係のすべてを解き明かしているわけではありません。また、よりわかりやすくするために、あえて大ざっぱに書いた箇所が多くあるのをご容赦下さい。

なお筆者は、ニュース時事能力検定協会の委員で、公式テキストを用いて大学などで授業もしています。そのため、解説の言い回しなどを暗記してしまっていて、テキストと同一の説明が本書でも出てくることがあります。したがって検定の公式テキストを、すべての参考文献として挙げさせていただきます。

本書で少しでも、読者の皆さんが国際関係への興味を抱いていただければ幸いです。

２０１７年６月

坂東　太郎

※本書の記述は、２０１７年６月現在の状況に基づいています。
※人名は、「安倍晋三首相」といったように、肩書きで示すのが理にかなっている場合は、そのようにしました。該当するものがない時は、「氏」「さん」などの敬称を使用しました。ただし、執筆時点で故人の場合、省略しています。

はじめに

第1章 国と国とのつながりの基本

第2章 国際関係はどう築かれる?

第3章 世界の国々と日本のかかわり

第4章 「国連」は何をしているところ？

第5章 世界の主な「同盟」や「協定」

第6章

戦後の国際関係の流れを知ろう

本文ＤＴＰ／一企画
カバーデザイン／中村勝紀（TOKYO LAND）

第1章

国と国とのつながりの基本

1

国同士のかかわり方

世界中に関係が網の目のように張りめぐらされている

KNOWLEDGE OF INTERNATIONAL RELATIONS

世界には約200の国と地域があります。**1つの国（または地域。以下同）が他の国とある関係を結ぼうとしたり、維持しようとしたり、断絶しようとしたりする「国同士の付き合い」が国際関係ということになります。**

さらに利害や民族的つながりなどで、多国間と多国間、多国間と1つの国といった付き合いの形式があり、これもまた国際関係です。

こうした国際関係が網の目のようにさまざまに展開されています。この網の目そのものも国際関係だといえましょう。

約200の国と地域が各々の思惑で構築している関係のすべてが国際関係ですから、すべてを把握するのは専門家でさえ不可能といえます。では、どこから考えていけばいいのでしょうか。

まず「外交」という言葉から入ってみましょう。**ある国が他の国と関係することを外交といいます。**もう少し厳密にいうと「国を代表する機関が交渉によって関係する問題を処理していく」のが狭い意味での外交です。

多くの国には日本でいう「外務省」に当たる機関が存在し、こうした役割を一元的に任っています**（外交一元の法則）**。一元化されていないと「自称、ある国の代表」が多数出てきて、相互に矛盾する約束を他の国としてしまう恐れがあるからです。

外務省（=政府）による狭い意味での外交以外に、経済的または文化的な外交もあります。例えば、日本は台湾とは国交（政治的な外交関係）はありませんが、経済的または文化的交流は盛んです。こうした場合は、企業やNGO（非政府組織）、文化団体などが交流して、狭い意味での外交を補完する役割を担っています。

●「戦争」とはどういう状態か？

では**「戦争」**はどうでしょうか。「交渉」が外交の根本なので「交渉できない」ことを前提とした戦争という行為は、外交とはいえません。ただし、ある国が他国に影響を与えるという意味で、重要な国際問題であるとはいえましょう。

一般に戦争とは国と国の武力衝突のことですが、国際連合（国連）の加盟国は、基本文書である国連憲章によって「武力を用いない」ことになっています。ただし例外もあって、第二次世界大戦後も、時折朝鮮戦争やベトナム戦争といった、「○○戦争」が起きました（180ページ参照）。

難しいのは、植民地支配からの脱却や国から分離独立を果たそうとする**独立戦争**です。このような武力衝突は、おおむね「内戦」「紛争」といわれるものの、前提条件の違いなどから「戦争」と呼ばれるケースもあります。

植民地とは、近現代においては主に、ヨーロッパの国々がアジア、アフリカ、ラテンアメリカなどに侵入して得た海外の領土を指します。そこには住民もいるのですが、ほとんどの場合、占領した国（宗主国《そうしゅこく》）が権力を独占し、住民は宗主国に従属することを強いられてきました。

宗主国が自国民には認めている「自由」や「平等」といった価値観の多くを、植民地の住民は権利として持てず、一方的な支配を受けていたのです。

植民地というシステムは、第二次世界大戦後は「よくない」という考え方が浸透し、多くの植民地が独立しました。今でも、ある国の海外領土や属領はありますが、多くが宗主国と同等の権利を住民が持っていたり、自治政府などが独立国と同じように治めています。

戦火にまみれて独立を勝ち取った国は第二次世界大戦後にもいくつか存在します。フランスから独立したベトナムのインドシナ戦争（後にベトナム戦争へ継承）やアルジェリア戦争、ポルトガルからの独立を目指したアンゴラ独立戦争などがあります。

●独自のネットワークでつながるテロ組織

2001年9月にアメリカで同時多発テロが発生し、3000人近くが死亡、世界に大きな衝撃を与えました。

当時のブッシュ大統領が、首謀した国際テロ組織アルカイダに向けて、おそらく初めて発した「テロとの戦争」という概念は、国同士のこれまでの戦争や独立戦争とは異なっています。

「テロ」と一般的な意味で用いられているのは、政治目標を達成するために暴力を使って敵を震え上がらせる行為です。テロ組織は、「領土」は持たず、独自のネットワークでつながる、一種のNGO（非政府組織）です。

国と国との戦いであれば、敵国をつぶすために敵の軍事拠点を攻撃して陥落させ、最後には戦争指導者から降伏を勝ち取るか、全域を占領するかで勝敗を決せます。

ところがテロ組織は、個人で携帯可能な銃や爆弾などを所持して、標的国に紛れ込み暴れます。国と国といった関係ではないため、何をもって勝利とするか判断しにくいのです。

近年、イスラム教徒と称する者によるテロが頻発しています。

2015年11月にはフランス・パリの飲食店や劇場、スタジアムなどが自爆テロや銃の乱射に襲われ、130人が死亡する同時多発テロが発生しました。過激派組織「イスラム国」(IS)が犯行声明を出しています。16年7月にはバングラデシュの首都ダッカのレストランが襲撃され、国際協力機構(JICA)関連プロジェクトに携わる日本人7人らが殺害されました。こちらも、「イスラム国」系ニュースサイトが犯行声明を出しています。

このような**イスラム過激派**は大事件を起こし、自らの存在を大きく見せつけようとします。それによってイスラム教全体への憎悪をかき立てて、標的国にいる信徒の居心地を悪くし、過激派へのシンパシーを募らせて戦闘員へとリクルートするのが目的のようです。

2 国の定義とは？

「主権」「領土」「国民」の存在

KNOWLEDGE OF INTERNATIONAL RELATIONS

ドイツの法学者ゲオルク・イェリネック（1851〜1911年）は、**国家の3要素として「主権」「領土」「国民」をあげました。**この3要素は、現代でも一般に国家の要件として引き継がれています。

「主権」とは国民と領土を統治する権力です。王様をイメージするとわかりやすいでしょう。ただし、日本をはじめ多くの国が採っているのは、国民が国民を統治するという、**国民主権**です。

日本のケースで具体的にいうと、国民に選ばれた国会議員が国会（立法府）で法律を作り、内閣総理大臣（首相＝行政府トップ）は絶対に国会議員であり、国会で指名されます。司法府トップは最高裁判所で、長官は首相が指名します（三権分立）。

国民が今の権力を気に入らない場合、選挙で別の主張をしている勢力を当選させれば、政権も交代します。

「領土」は、狭い意味では陸土のみを指しますが、現在では**領海**と**領空**を含めるのが一般的です。領海は国連海洋法条約に基づき沿岸から12海里《かいり》（約22キロ）まで。領空は陸と領海の上空で、宇宙を除きます（20ページ参照）。（狭い意味での）領土と、領海、領空を合わせて**「領域」**とも呼びます。

「国民」については、現在の国家は**国民国家**（nation-state）です。**同じ言語、文化、宗教などを持ち合わせ、ともに共同体を営む意思を持つ者たちが国を形成する**という、一種の擬制（そう見なすこと）で、ヨーロッパ発の概念です。１６４８年にヨーロッパの大国間で結ばれたウェストファリア条約の結果が基本形となっています。

なお、イエリネックの3要素を備えた領域が国家として認められるには、今日だと**国連への加盟が事実上「4つめの条件」となっています。**

ただし台湾（中華民国）のように、国連に非加盟ながら実際には国としての機能を果たしている「地域」もあるので、絶対というわけではありません。

3 どこからどこまでが「国」なのか？

KNOWLEDGE OF INTERNATIONAL RELATIONS

自国の「領域」の決め方

国の範囲とは、先に述べた「領域」（領土・領海・領空）を指します。ただ海の場合は、領海であっても属する国の安全などを脅かさないならば、どの国の船でも通れます。**無害通航**といわれます。

さらに、陸から200海里（約370キロ）の範囲で、領海を除く海域を**排他的経済水域（EEZ）**と定めています。「排他的」とは「独占できる」こと、「経済」とは「魚や海底資源など」を指すので、排他的経済水域とは、「漁業や資源開発などを独占できる海域」となります。あくまで経済に特化した概念で、国の範囲には含まれません。日本には島がたくさんあるので、領土は小さくても領海と排他的経済水域の総面積では世界で6番目です。

その外側が**公海**で、どこの国のものでもありません。

領域と排他的経済水域

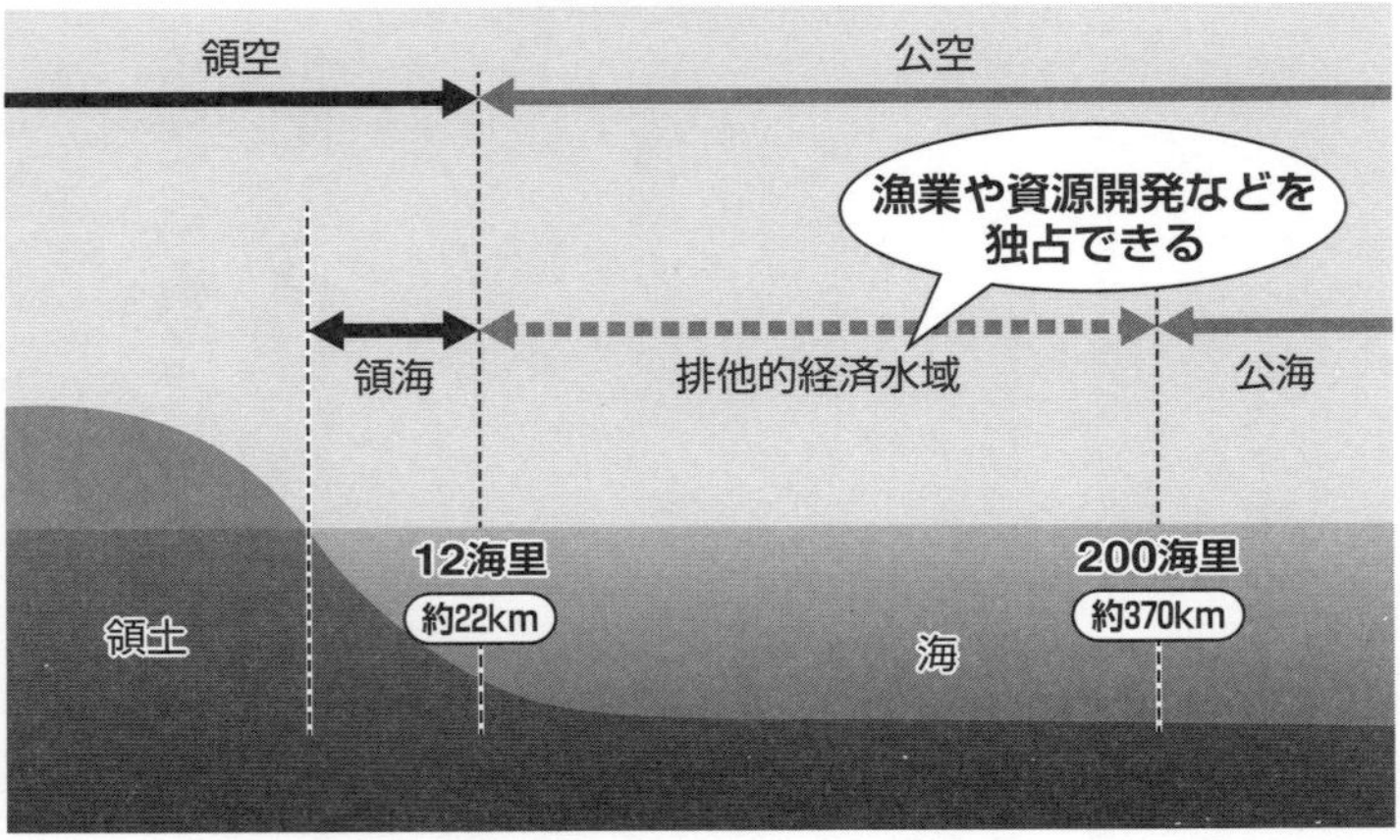

次に空です。先述したように領土と領海の上が領空となりますが、宇宙は、**宇宙条約**（1967年に発効）によって、どの国の領有権も認められません。一般的に宇宙とは大気圏外のことを指します。

なお、南極は**南極条約**（1961年に発効）で「領土問題を凍結する」としている状態です。

オーストラリアやノルウェーなどは、南極大陸の一部領有権を主張しています。ただし、これらの国は訴えは取り下げていないものの、「とりあえず今は争わない」というところで妥協しています。

●未承認国家の存在

陸地はほとんどが「どこかの国」に属しています。ただし、国連に加盟していない「未承認国家」もいくつかあります。

例えば**台湾（中華民国）は、国家機能をそろえているものの現在、正式に国交を結んでいるのは20ヵ国程度で、「地域」として紹介される場合が多い**です。それには歴史的背景があります。

中華民国は1911年の辛亥《しんがい》革命で誕生し、中国の正式な政権となりました。中華民国を率いていったのは、革命の父である孫文《そんぶん》が創設した国民党です。

1945年、日本がポツダム宣言を受諾して終戦となります。同宣言には日本が支配していた台湾を中華民国に返還するとしたカイロ宣言（第二次世界大戦中に連合国が日本の取り扱いなどを定めた宣言）を「履行セラルヘク」（履行されるべき）とあり、そうした方向に進みました。

ところが戦後、蒋介石《しょうかいせき》率いる国民党と、毛沢東《もうたくとう》率いる共産党で内戦となり、敗れた蒋介石が台湾へと逃げ込みます。勝った毛沢東は1949年に中華人民共和国を建国しました。ここから「2つの中国」問題が発生したのです。

戦後、誕生した国際連合の常任理事国（151ページ参照）は、当初は中華民国でした。しかし、台頭する中華人民共和国の存在を国際社会が次第に無視できなくなり、1971年に常任理事国の座が中華人民共和国に入れ替わりました。これを不服として中華民国は国連を脱退します。

「1つの中国」を掲げる中華人民共和国の国連加盟後に同国と国交を結んだ日本は、中華民国と断交せざるを得なくなりました。

このように、歴史的、民族的な経緯から、前述した国家の3つの要素（17ページ参照）を備えているにもかかわらず、独立国家とみなされていない「地域」も存在するのです。

台湾の他には、イスラエルの建国によって追い出された形のパレスチナ（253ページ参照）、民族の違いから、ジョージア（かつてのグルジア）から事実上独立している南オセチア（210ページ参照）などを、未承認国家として挙げることができるでしょう。

4

国同士の力関係

「すべての国は平等」は、正しいのか？

KNOWLEDGE OF INTERNATIONAL RELATIONS

国連憲章は、「すべての加盟国の主権平等の原則に基礎をおいている」としており、大国も小国も1つの国家として対等です。ただ安全保障理事会の常任理事国制度（151ページ参照）や核兵器拡散防止条約（238ページ参照）のように、一部で「不平等」と批判される決まりも存在します。

国際秩序を仕切る力関係はおおよそ、経済力と軍事力で決まってきます。

経済力のトップはアメリカ。軍事力も同じです。経済力をはかる指標として最も有名なのが**国内総生産（GDP）**で、ザックリいうと国内で1年間に使われたお金の合計です。なお、GDPの2位が、中国で3位が日本です（次ページ図表参照）。

●基軸通貨を持つアメリカ

アメリカ独自の力の源泉に、ドル発行権があります。**ドルとは、本来アメリカ国内の通**

世界のGDP(2014年)

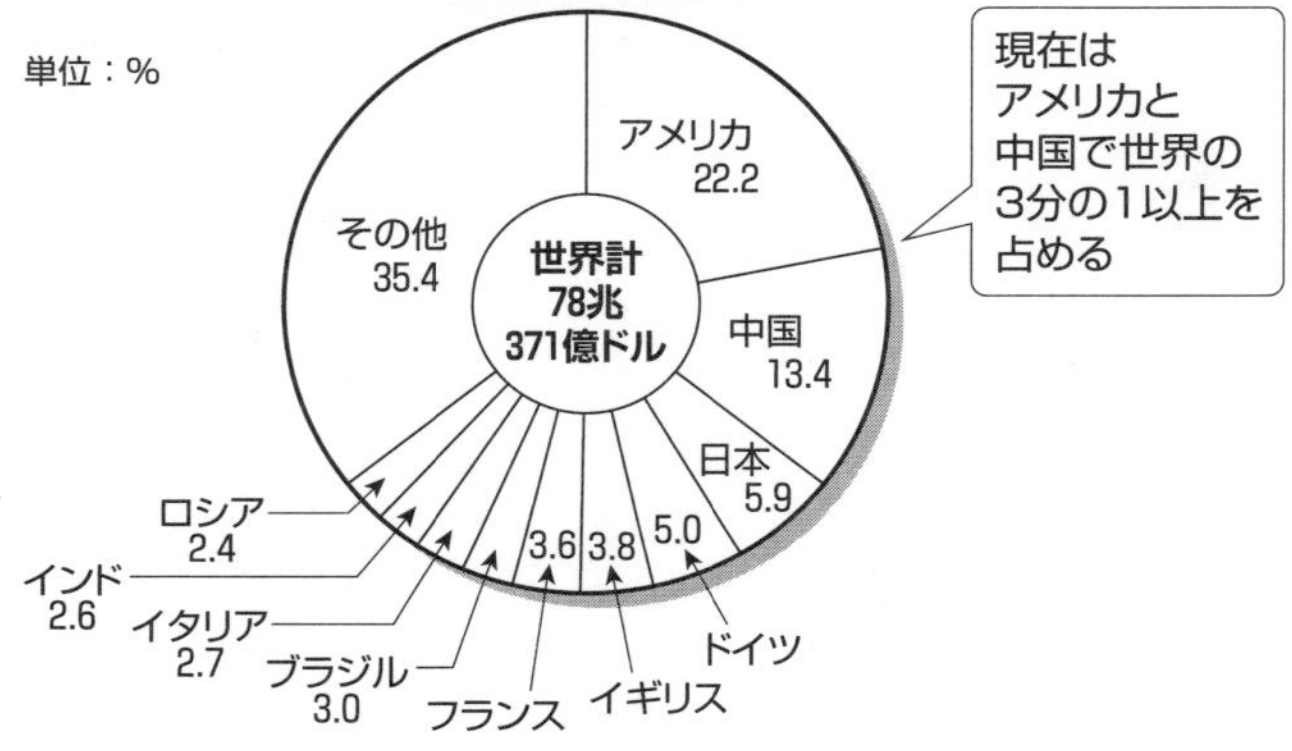

※『世界国勢図会2016/17』より作成

貨ですが、同国が唯一の超大国であるため、その価値が世界的に評価される「基軸通貨」でもあります。

アメリカのドルが世界の基軸通貨になったスタートは、**ブレトン・ウッズ体制**です。これは、1944年に結ばれたブレトン・ウッズ協定によって成立した体制のことを指します。制度上は1946年の**国際復興開発銀行（IBRD、現在の世界銀行グループ）**と、47年の**国際通貨基金（IMF）**の業務開始を指しますが、本質はドルと金（ゴールド）の交換保証（兌換《だかん》）と、ドルと各国通貨の固定相場による交換の保証にありました（次ページ図表参照）。

それまでの世界は自国通貨と金との兌換を通則にしていました。**金本位制**といいます。紙幣は紙切れに過ぎず、それに信用を持たせるために古今東西なぜかどの人も「価値がある」と認めてきた金との交換を約束するというシステムでした。

ブレトン・ウッズ体制とは

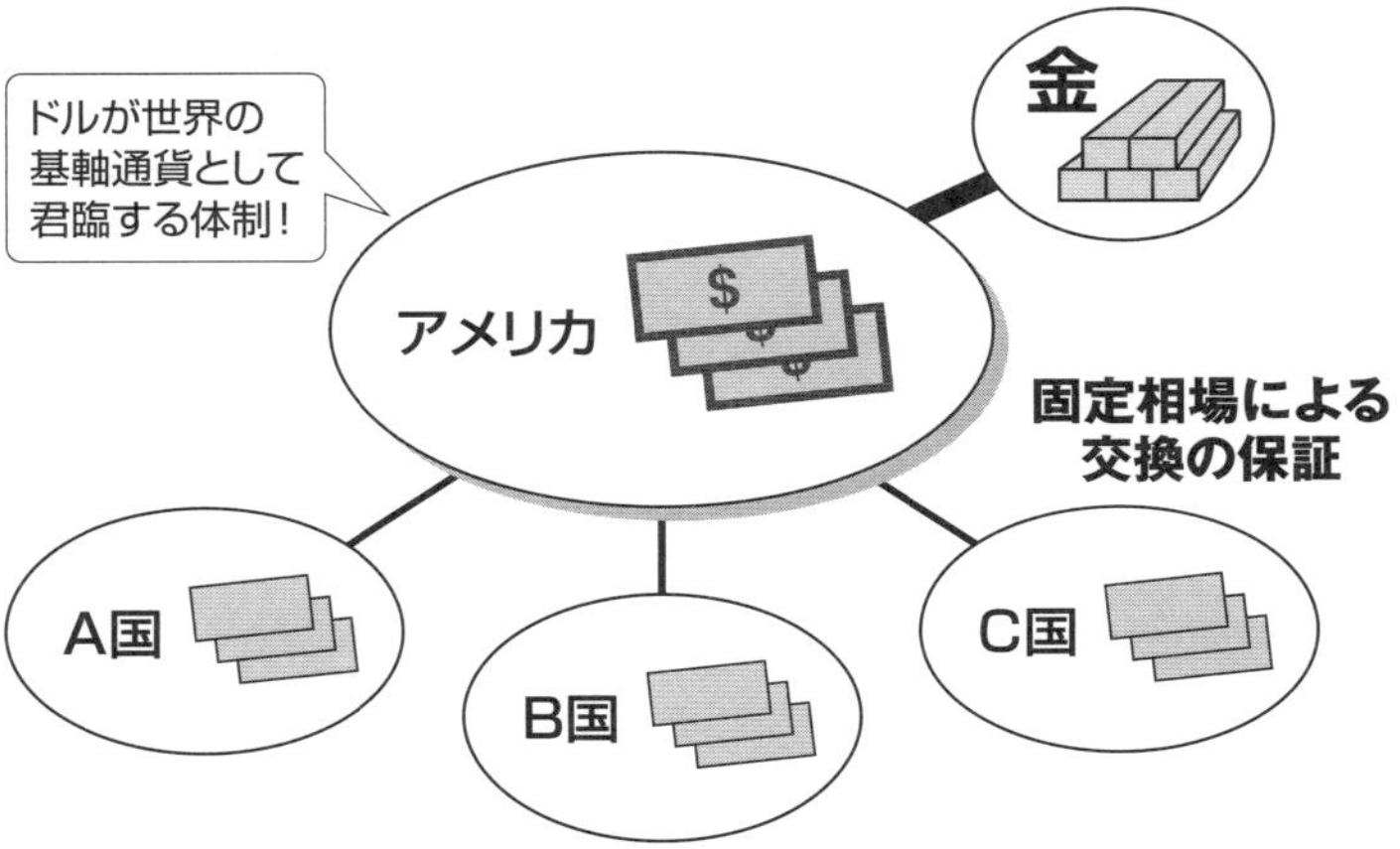

ところが1929年に起きた世界恐慌以降、この制度を維持できなくなる国が続出し、1930年代以後、各国が相次いで金本位制から離脱してしまったのです。

そこを再構築したのがブレトン・ウッズ体制ですが、当初のしくみはとうに崩れています。アメリカ財政の拡大が、限りある金の量を超えてしまったからです。1968年、アメリカは事実上ドルと金の兌換を停止し、71年に公式停止。代わりに通貨同士がその時々の情勢で刻々と変わっていく**変動相場制**が広がり、今日に至ります。

それでもアメリカという超大国が発行するドルならば信用できるであろうという、**「ドル本位制」**などと呼ばれる状況が続きます。実際には金の裏付けのない不換紙幣（兌換の逆）に過ぎないドルが、不換であるがゆえに無限に印刷され、各国は何となくそれを信用するといった「ブレトン・ウッズの幻想」がまだ今日も残っているのです。

●軍事面でのアメリカの優位性

軍事面でのアメリカの優位は、1991年まで続いた旧ソ連（現在のロシアなど）との**「冷戦」**（戦火を交えない戦争）で築き上げられました。**日米安全保障条約**（88ページ参照）、ヨーロッパとの**北大西洋条約機構**（**NATO**、207ページ参照）、オーストラリアとの**ANZUS条約**などで、米軍は世界に展開しています。

アメリカの軍事同盟が強力なのは、アメリカが核兵器を大量に保有しているからといっても過言ではありません。ただしその点では、旧ソ連の継承国であるロシアの大量保有も大きな脅威となっています。

5

「国籍」とはどういうこと？

国によって「自国民」の考え方が違う

KNOWLEDGE OF INTERNATIONAL RELATIONS

国家を形成する欠かせない要素として「国民」が挙げられる以上、「誰が国民か」という定義をしなければなりません。それが**国籍**です。

●国籍に関する2つの考え方

国籍の与え方は、大きく2つに分かれます。1つは**血統主義**で、日本などが採用しています。おおよそ父か母のどちらかの国籍が、その子どもに与えられます。**両方が日本人であれば日本国籍しかあり得ません。**家族国籍同一主義ともいえましょう。日本の場合は圧倒的多数の日本人が日本の国土に居住し、アメリカのように多くの移民が入ってくることを前提としていなかったので、大方にとってこのような国籍の与え方で不自由もありませんでした。

では、どちらかが外国人であった場合はどうでしょうか。日本では重国籍を認めておらず、そうである場合は原則22歳までに「いずれかの国籍を選択しなければならない」と国籍法で定めています。「日本の国籍の選択は、外国の国籍を離脱することによるほかは……日本の国籍を選択し、かつ、外国の国籍を放棄する旨の宣言をする」。「選択の宣言をした日本国民は、外国の国籍の離脱に努めなければならない」としています。ただ、重国籍に対して罰則はありません。

外国人または外国籍の養子の場合、日本では自動的に国籍を得ることはできず、**帰化**（国が外国人に日本国籍を認めること）の手続きが別途必要となります。

もう1つの国籍の与え方が**出生地主義**で、アメリカが代表的です。**何人《なんぴと》であれ、アメリカで生まれたら自動的にアメリカの国籍を与えられるのです**。したがって日本国籍の女性がたまたまアメリカで出産したら、その子どもは日本とアメリカの重国籍となります。

なぜ出生地主義かというと、もともと移民の国であり、移民の子ども達を社会へと統合していくすべとして役立つからです。「誰でもアメリカ人になれる」という建国の原点がそこにあります。重国籍も認めていて、包容力がある規定です。

また、出生地主義を規定しているアメリカの憲法修正14条は、南北戦争後に奴隷だった黒人に市民権（≒国籍）を与えるための修正でした。それまで人間として扱われていなかった奴隷のような特定の人種や民族にも、アメリカで生まれれば一律に市民権を賦与しようと考え出された経緯があるのです。

もっともアメリカは血統主義も認めていて、外国で出産したとしても父か母がアメリカ国籍であれば、子どもにもアメリカ国籍が与えられます。

●国籍にかかわる決まりごと

国籍は国の礎なので、さまざまな決まりがあります。**例えば日本では、自治体や国会の議員や、自治体の首長（知事や市町村長）を選挙で選べる有権者は、日本国籍が必須。議員や首長のように選挙に立候補する側も同じです。**首相は国会議員から選出され、国会議員は日本国籍を保持していなければなりません。

ではアメリカはどうかというと、大統領だけ変わった決まりがあります。アメリカの憲法2条は、就任できる資格を「生まれながらの市民（natural born citizen）」でなければならないとします。

そのため、「アメリカ国内で生まれた」のか、「アメリカ人の親から生まれた」なのかどうかで、資格が問題にされてきた歴史があるのです。

例えば、アメリカと同じ出生地主義のカナダで生まれて、父か母がアメリカ人という場合は、その子どもはカナダとアメリカの重国籍となります。時折こうした部分をクローズアップして「アメリカ生まれではない」と候補者を批判する声も挙がるのです。

親がアメリカ人でなく、アメリカ生まれでもなければ、アメリカ国籍を取っても大統領候補にはなれません。例えば、俳優のアーノルド・シュワルツェネッガーさんは、オーストリア出身の移民で、後にアメリカ国籍を取得しました。カリフォルニア州知事も務めましたが、「生まれながらの市民」ではないため大統領選には立候補できません。

大統領についてのみのこの規定は、出生地主義などに見られるアメリカの「包容力」と、アメリカという国に対する「忠誠心」の妥協ともいえます。大統領に就任するとなれば忠誠心も大切だというわけです。そこを「生まれながらの市民」という条件で担保しているのでしょう。

第2章

国際関係はどう築かれる？

1

国際法ができるまで

国内法との兼ね合いが問題になることも

KNOWLEDGE OF INTERNATIONAL RELATIONS

さまざまな国際上の規定を合わせて**国際法**と呼びます。また、**国際法の下で原則として国家同士が文書で明らかにした合意が、条約です。**「協定」「憲章」「議定書」「覚書」とさまざまな名称で表現されるものも、条約と同等と考えていいでしょう。

国連の基本条約である**国連憲章**をはじめ、国家間で結ぶ条約、国連が採択し加盟国が批《ひ》准《じゅん》して発効したさまざまな条約などがあります。紛争や災害時に「人道」「公平」「中立」「独立」といった諸原則で傷ついた人を分け隔てなく救おうとする赤十字（イスラム圏では赤新月）運動を定めた**ジュネーブ条約**などもその1つです。

かつては明文化された規定以外でも、**国際慣習法**といって「守るのが当たり前」という概念が存在しましたし、今も残っています。しかし近年では、規定の明文化が進んでいます。

いったん批准した条約は法律より優位です。したがって条約を受け入れるために国内法

を整備し直さなければならない場面が出てきます。憲法違反の条約を批准しても条約そのものは有効。他の参加国にとっては関係のないことで、むしろ憲法改正を迫られます。

いったん条約を結ぶと永久に拘束されるのでしょうか。そうではありません。まず2国間条約であれば1国が破棄した時点で終了。多国間条約でも脱退するといい出した国を止める手段はほとんどないのが実情です。

●条約と内政

難しいのは**内政不干渉**の原則との折り合いです。国連憲章の2条7項には「この憲章のいかなる規定も、本質上いずれかの国の国内管轄権内にある事項に干渉する権限を国際連合に与えるものではなく、また、その事項をこの憲章に基く解決に付託することを加盟国に要求するものでもない」とあります。

「国内管轄権」とは、国内で決めていいとされている法律や統治のシステム、経済体制などを指し、「不干渉」とは他国が勝手にくちばしを入れてはならないという考え方です。

どこが難しいかというと、最近では「国内紛争が極まって多くの国民が虐殺される人道上の危機」や、「経済が完全に行き詰まってシステムが崩壊し飢餓する人が続出する」といったケースをどうするか、という議論が沸騰しているからです。

「内政不干渉」「民族自決」の原則を杓子定規に扱えば「勝手に自滅する権利」「国内で殺し合う自由」も認めてしかるべきとなるものの、国際社会が見て見ぬふりをしていいのかという事象が多く起きています。

近年では**国連平和維持活動（PKO）**が「平和強制」の名の下で、内戦の阻止や武装解除、統治システムの構築まで担う例も出てきました。

例えば1990年代にかけて、内戦と干ばつで多くの市民が飢えと戦闘による危険にさらされたアフリカのソマリア。その数は100万人を超えるとされ、多くの難民が食料もなく倒れていく映像が世界中に流れました。

アメリカでもソマリアの悲劇を見過ごしていいのかとの声が国内にあふれ、1992年12月、米軍中心の多国籍軍が派遣され「希望回復作戦」を開始します。軍はたちまち首都モガディシオからソマリア全土に展開、飢えに苦しむ人に救援物資を配り、多くの人々が死の淵から生還しました。

しかし翌年になると、一時は戦闘をやめていたソマリア武装勢力のうち、過激なグループが戦いを仕掛けてきて、多国籍軍の部隊に多くの死傷者が出たのです。

内戦を国際組織の武力によって解決する正当性と効果が試された出来事でした。

2

「外交」の手順

条約締結後は、各国議会の承認が必要

KNOWLEDGE OF INTERNATIONAL RELATIONS

外交とは、国同士のお付き合いを指します（13ページ参照）。たいていは文章にして「このようにやっていきましょう」と決めます。

一番基礎的なのは**国交樹立**で、「付き合いを始める」というもの。反対が**国交断絶**で、「付き合いを止める」ことです。一度断絶した関係のよりを戻すのは、**国交回復**といいます。

日本は第二次世界大戦でアメリカ、イギリス、中国（中華民国）などからなる連合国軍と戦って敗れました。戦争ですから当然、国交を断絶します。敗戦後は連合国軍最高司令官総司令部（ＧＨＱ）による占領下に置かれたため、外交上の課題は「国としての独立を回復する」となりました。

１９５１年の**サンフランシスコ講和条約（サ条約）**は、日本を含む49ヵ国が署名（調印）しました。内容は戦争状態の終了と、日本国民の主権の承認および領域の確定でした。これにより日本は国家の３要素（17ページ参照）を満たし、国際社会へと復帰できたのです。

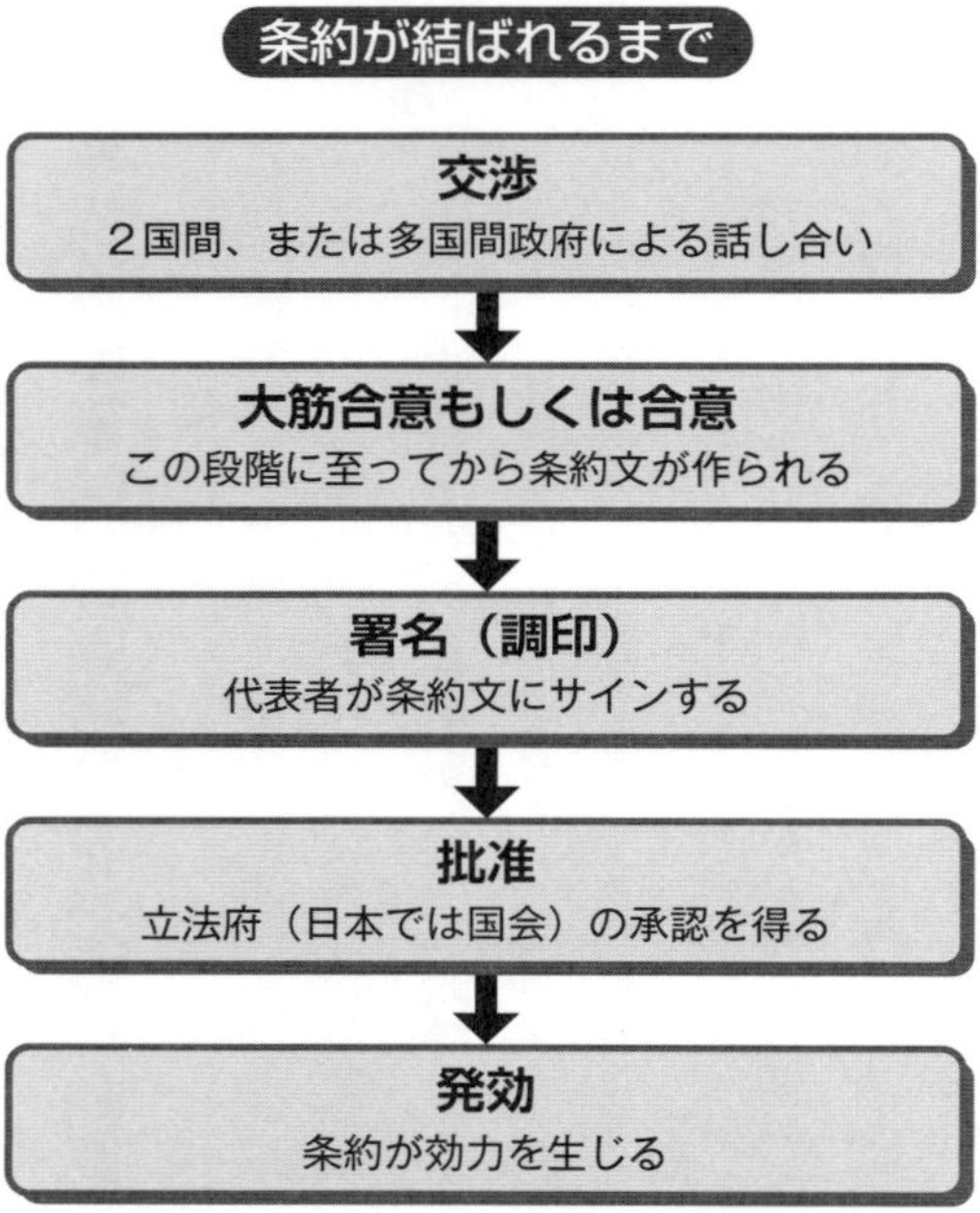

●条約が結ばれる手順

条約は、結びたい2国間ないしは多国間の政府（日本の場合は内閣）が意思表示して交渉が始まります。各国から代表が選ばれて話し合いがスタート。だいたいこのあたりでいいだろうという内容まで煮詰められたら、**大筋合意**または**合意**に至るのです。

しかしこれだけでは終わりません。**署名（調印）**という段階が必要です。国家の代表者が条約文へサインする儀式です。

さらにたいていの条約は、署名（調印）後に国内手続きを完了させます。

条約は国同士の決めごとですから、国内に賛否両論を抱えていても政府が「とりあえずGOだ」と定めたら意に沿った代表が話し合います。それはどの国でも同じです。国内の賛成派と反対派が複数で押しかけてはメチャクチャになってしまいますから。したがって署名（調印）した後に国内の手続きに入るのです。

日本の場合だと、内閣が選んだ代表が署名をしてきた条約の内容を、その次に立法府（国会）で話し合って「OKだ」と承認してもらわなければなりません。これを**批准**といいます。その上で**発効**（効力を生じる）へと至るのです。

さて、サ条約では署名しなかった国がいくつかあります。ソ連、大韓民国（韓国）、中華人民共和国などです。

ソ連とは1956年に**日ソ共同宣言**を出し、両国の戦争状態の終了と、外交および領事関係の回復を確認しました。かつて日本の植民地であった韓国とは、65年の**日韓基本条約**で両国の「外交及《およ》び領事関係が開設される」（付き合いを始める）と認め合いました。中華人民共和国とは72年の**日中共同声明**で、不正常な状態は終了し、外交関係を樹立することなどを取り決めています。

●いろいろとある国同士の取り決め

国同士の取り決めは他にもいろいろとあります。最も著名なのは**軍事条約**でしょう。サ条約に署名した1人であった吉田茂首相が同じ日に結んできた軍事条約が**日米安全保障条約**です。改定が加えられて今でも「日米同盟」の基本となっています。

また、例えば日本はインドネシア、フィリピン、ベトナムから外国人看護師および介護福祉士候補者を受け入れていますが、これはこの3ヵ国との**経済連携協定（EPA）**が根拠です。インドネシアとフィリピンからは、2008年から看護師や介護福祉士として働けるよう約4000人が来日しました。日本の国家試験に合格すれば働けるという内容です。なお、EPAとは、モノの関税（入国税のような税）をなくしていく**自由貿易協定（FTA）**より幅広く、ヒトやサービスまで交流していくルールです（174ページ参照）。

●慣習を明文化したウィーン条約

国と国との外交関係が築かれると、お互いに首都へ**大使館**、他の要地にも**総領事館**が置かれて外交使節が派遣されます。

1961年、これまで国際慣習として浸透してきた外交使節に関する決めごとを、**ウィーン条約**で明文化しました。

そこには**外交特権**が認められています。公館（大使館や総領事館）にその国の権限が及ばないとか、外交官は逮捕も起訴もされないといった内容で、いわばその一角を外国領と見なすような面がありますが、どの国でも認め合っているので大きな問題にはなりません。

3

日本の外交スタンス

「国際協調主義」「平和主義」「国連中心主義」が軸

KNOWLEDGE OF INTERNATIONAL RELATIONS

戦後の日本は、**国際協調主義**（憲法前文）、**平和主義**（憲法9条）、**国連中心主義**（国連加盟後の岸信介首相の施政方針演説）のスタンスを基に、外交を行ってきました。

つまり、軍事力を行使して紛争を解決するような事態とならないよう、譲り合いの精神を大切にして、他の国々と話し合って問題を平和のうちに解決しましょう、というような意味合いです。

と同時に、日本は１９５２年に発効した**日米安全保障条約**（**安保条約**）と、その事実上の改定である60年の**新安保条約**をアメリカと結んでいます。**この条約は、「軍事同盟」の色彩が濃いのが実情です。**また91年のソ連崩壊まで、戦後の長い期間世界を支配してきた米ソ冷戦の中で、日本はアメリカを盟主とする西側自由主義陣営の一員でもありました。

●外交と安全保障

外交スタンスは安全保障と切り離せません。どちらも国の重要事項です。アメリカは日本以外の海外にも軍事拠点を置いていて、世界的な戦略を持っています。日米同盟は、このような強力な米軍の存在を前提としたものです。したがって**日米同盟によって日本はアメリカの軍事力の傘下に置かれている、と見なすしかありません。**

ソ連健在時は、ソ連が仮想敵国であったといってもよかったでしょう。何せソ連が対日参戦（1945年8月9日）してから敗戦をはさんで56年の日ソ共同宣言が発効するまで約11年間、両国は戦争状態のままでした。その間の52年に発効した安保条約は、事前協議も随時協議もなく、アメリカがその気にさえなれば勝手に在日米軍基地から米軍が「極東」のどこかと（つまりソ連などと）一戦交える権限がありました。

つまり**安保条約発効から日ソ共同宣言までの間は、米ソ冷戦の真っ直中で、日本はメチャクチャ危険な状態だった**のです。さらに1991年のソ連の崩壊まで、日本はソ連の核にさらされていました。

と同時に、日本は**自衛隊**という軍隊に似た機能を持っています。長らく「自衛隊=専守防衛」で、日本が攻撃された時の最低限の防衛力、と説明されてきましたが、近年は様相が変わってきています。**PKO**（180ページ参照）や**集団的自衛権**の行使容認など、自衛隊の海外派遣が進んでいるからです。

●日本の国際協調

日本の国際協調の代表としては、**政府開発援助（ODA）**があります。戦後の復興時には世界銀行からの借り入れに頼るなど、途上国的な位置づけであった日本が、1950年の朝鮮戦争勃発による**特需景気**によって立ち直りはじめ、経済の高度成長で一転して世界第2位の経済大国となりました。

その日本が、途上国へお金をあげる、貸す、あるいは技術を供与するという形でODAを実行し、1991年から2000年まで援助額では世界一でした。

敗戦から今日まで「平和」を旗印に外交を行ってきた結果、日本は世界の大半の国とは深刻な対立を起こしていません。ただ残念なのは近隣との関係が思わしくない点です。

日本が植民地支配した韓国と北朝鮮のうち、北朝鮮とは国交がありません。韓国とは歴史認識問題や竹島問題、従軍慰安婦問題などを抱えています。

中国は日本からの輸出がアメリカと並んで1位か2位を行き来し、日本への輸入に至ってはトップと、経済面での関係はもはや切り離せません。しかし、やはり歴史認識問題と尖閣諸島問題が時折大きな障害となってきます。また、ロシアとは北方領土問題が未解決です（なお、これらの問題については、第3章の93～112ページ、121～126ページを参照して下さい）。

4 資源と国際関係

「持つ国」と「持たない国」とのせめぎ合い

KNOWLEDGE OF INTERNATIONAL RELATIONS

振り返ってみれば、第二次世界大戦以前の戦争の多くが、資源の奪い合いを理由としていました。

例えば、日本がほぼすべてを輸入に頼っている**原油**。原油とは、油田から採れたままの天然状態の石油を指す言葉で、粘っこい暗褐色の液体鉱物です。

それを設備で精製（品質改良）して重油（ボイラーなどで使用）、軽油（ディーゼルエンジンなど）、ガソリン、灯油（石油ストーブなど）、ナフサ（プラスチックなどの原料）などに変えます。日本は、石油の大半をサウジアラビア、アラブ首長国連邦、カタール、クウェートといった国々からなる中東から輸入しているのです。

石油や天然ガス、金・銀・銅などの貴金属、穀物などの資源を多く有する国は、一般に、それに頼りがちな経済システムです。反対に、日本のように、めぼしい資源がなくとも工業化が進み、国内市場が広がってサービス業も発展している国家もあります。

資源も産業も併せ持つ国家の代表がアメリカでしょう。一方で、資源も産業もない国々は、農業が中心で、GDPの規模が小さい傾向があります。

●石炭から石油への変遷

18世紀に始まった産業革命での燃料の主役は、**石炭**でした。もっともその頃から石油のほうが燃焼効率が高く、かつ液体ゆえに輸送、貯蔵、加工などの工程でも優位にあることがわかっていました。

石油が石炭に取って代わる大変化は、**第二次世界大戦前後から中東で相次いで油田が発見され、開発が進んだからです**。クウェートのブルガン油田が1938年に掘り当てられたあたりから始まります。

1941年のアブカイク油田（サウジアラビア）発見をはさんで、48年には、その油田の近くに現在でも世界最大級であるガワール油田が見つかりました。その後の発見も加わって、石油はけた違いの供給が可能になったのです。

ただそれらの油田はアメリカなどの**メジャー**（国際石油資本）とその関連会社が長らく支配権を持ち続け、安くて大量の石油資源が、アメリカをトップとする西側資本主義諸国の経済を支えるようになります。

しかし、次第に産油各国はメジャーが自国に示す支払額などに不満を持ちはじめて、「そもそも油田はわが国のものではないか」という主権意識が高まりました。

●OPECの誕生

アメリカ中心の西側と、旧ソ連をトップにいただく共産主義圏（東側）のいずれにも属さない姿勢を目指した、アジア・アフリカ諸国による1955年の**バンドン会議（アジア・アフリカ会議）**には、イラン、イラク、サウジアラビアなどの産油国も参加しました。この3ヵ国にクウェートと南米ベネズエラを加えた5ヵ国で60年に結成したのが、**石油輸出国機構（OPEC）**です。

こうした文脈から考えると、OPECは資源をめぐるメジャーとの駆け引きのための連合体であると同時に、当時掲げられた「民族自決」、「非同盟」、「第三世界」（西側でも東側でもない発展途上国）などの精神の一端も担っていたといえるでしょう。

もっとも当初のＯＰＥＣは、大事なお客様でもあるメジャーと、背後にいる消費国との折り合いで、思うような交渉ができていたとはいいがたい状況でした。

原油価格に不満足であっても、それで産油国がうるおったのも事実であり、また原油を産出するだけでなく、精製から販売までつつがなくやってのけるメジャーをないがしろにしては元も子もないとの事情もあったようです。

この足踏み状態が一挙に覆ったのが、第四次中東戦争をきっかけに起きた１９７３年からの**第一次石油危機**でした。中東戦争に参加した産油国を含むアラブ諸国は、敵方のイスラエルを支援するアメリカ陣営の国々に対して石油供給を削ったり、価格を一方的に引き上げるなどの対抗措置をとったのです。

原油安と円安が経済の高度成長における両輪だった日本は、実際以上に心理的な影響が大きく、「ショック」「パニック」状態が１９７４年に激発し、実質経済成長率は戦後初のマイナスを記録しました。

１９８０年代に入ると、石油輸入国の多くは省エネやＯＰＥＣ以外での石油調達および開発に努め、一転して石油余りの状態となります。また、70年代に開発が進んだ**北海油田**がヨーロッパをうるおしはじめるとOPECは守勢に立たされ、83年には初の価格引き下げに踏み込みました。

●ダイヤモンドをめぐる資源攻防

石油メジャーのような先進国の支配を脱する動きは、他の資源にも見られます。**ダイヤモンドは1990年代までデビアスという会社が世界の大半の原石を押さえていました。**出荷を調整して価格を高値で維持し、選ばれた「サイトホルダー」と呼ばれる業者だけに販売する、閉鎖的な流通形態ですべてをコントロールした価格維持策をとっていたのです。取引する人々の信頼関係を重視する世界で、売買の際に契約書を交わさないことが多く、顔見知りの間で取引がなされるという徹底ぶりでした。

秀逸な宣伝力もデビアスの得意技。有名な「ダイヤモンドは永遠の輝き」というキャッチフレーズは、主に婚約リングや結婚リングに用いられます。受け取ったダイヤモンドを転売しないようにし、中古品による市場価格の下落を防ぐ狙いがありました。というのも販売後のダイヤモンドには金などと違って資産価値はほとんどなく、基本的にブランド品の中古と同じだから。でも「永遠の輝き」ならば転売しようという動機が生じないので、買われた時の価値がそのまま印象として残るというわけです。

1990年頃から、この状況の地殻変動が起きました。まずロシアやカナダ、オーストラリアなど新興産出国の台頭があります。

さらに、コンゴ、アンゴラ、シエラレオネなど、アフリカの内戦地域で産出されたダイヤモンドが、紛争当事者の武器調達の資金源になるという、「血塗られたダイヤモンド」のイメージで、業界の印象が悪化します。

2000年、南アフリカのキンバリーでの国際会議をきっかけに、原産地証明がない原石取引を禁じる**「キンバリープロセス」**が始まり、デビアスも採掘地や原石仕入れ先を厳選せざるを得なくなりました。

かつてはデビアスグループで90％以上を独占していた原石の市場も、現在では50％程度までシェアが下がっています。原石販売額では世界一を守るものの、採掘量ではロシアの企業である「アルロサ」に抜かれました。

追い討ちをかけたのがアフリカの人口約200万人で、かつて最貧国の1つだったボツワナの戦略です。ボツワナは1967年のダイヤモンド鉱山発見後に経済成長を遂げ、「アフリカの優等生」といわれるほど変貌しました。ダイヤモンド産業が国内総生産の約３割、輸出額の約８割を占めます。

２０１１年にボツワナは、デビアスによる原石販売権の10年延長を認めましたが、一方で、ロンドンの原石取引所を２０１３年にボツワナの首都ハボローネに移し、採掘量の10〜15％を独自販売できるよう、デビアスと合意します。

取引所移転は、デビアスにとって苦渋の決断でしたが、それだけボツワナ産のダイヤモンドが、デビアスにとって欠かせないものである証でしょう。

5 温暖化への取り組みの事例

地球規模の課題へどう対処するのか

KNOWLEDGE OF INTERNATIONAL RELATIONS

太陽の光は熱をともないます。昼間は太陽からの光が、上空から地上に放射（熱放射）され暖かくなります。夜間は逆に地球上の熱が地上から空に向かい（放射冷却）、そのまま大気圏外に放出されます。

ところが、この放出過程で二酸化炭素などのガス（気体）があると、大気圏内で熱が吸収されてとどまります。これが**温室効果**です。

温室効果ガスがないと地球上は凍り付いてしまいます。しかし増えすぎると、地球から大気圏外への熱の放出が減りすぎて、必要以上に温かくなってしまいます。地球温暖化の問題は、温室効果ガスが増えすぎると危険だから減らそうという話です。

二酸化炭素が温室効果を生むのは実験室レベルでも証明されており、間違いありません。問題はその因果関係が地球温暖化に当てはめられるか否かでした。

事実を並べると以下の通りです。

①近年、気温などの年間平均数値は上がっている
②近年、大気中の二酸化炭素は増えている
③二酸化炭素の増大は、人為的な営み以外に原因が考えられない
④二酸化炭素には温室効果がある

ここまでは誰も否定しません。ゆえに、温暖化防止対策として、二酸化炭素を削減していこうという動きが出るのです。

「気候変動に関する政府間パネル」（IPCC）という組織があります。国連によって設立され、地球温暖化の原因などを科学的に探っています。

専門家が集《つど》っている半面で「政府間パネル」（小委員会）でもあります。つまり**温暖化の主因とされている温室効果ガス排出削減に消極的な国の政府からも、削減に積極的な国の政府からも派遣されていて**「政府の回し者」的な部分もあります。

しかし、これがかえってIPCCの知見を権威化しているのです。つまり「温暖化の原因は人が排出してきた温室効果ガスだ！」という結論ありきの者ばかりが集まっている組織でないにもかかわらず、「人間活動が20世紀半ば以降に観測された温暖化の支配的な要

因であった可能性が極めて高い（95％以上）」と指摘しているからです。

このＩＰＣＣが、このまま温室効果ガスの排出を放置していたら、21世紀末には「異常高温が普通になる」と警告しています。かつて地球上で存在した数回の生物の「大絶滅」は、自然現象によって発生した温暖化によってもたらされたものもある、という学説もあるのです。

ただ、異常高温と異常気象の関連は今のところ明確な因果関係としてほとんど証明されていません。しかし、では関係ないと言い切れるかというと、そちらのほうが不可解です。異常高温によって、大洪水、渇水、大型台風、海面上昇といった直接の変化が引き起こされるとも考えられている他、疫病の流行も十分考えられます。

元来、気候と蔓延しやすい伝染病には相関関係があり、言い換えればその地域の人々は発生しがちな伝染病に対する抗体を持ってることが多いのです。それが気候が変動して、今までなかったような場所で伝染病が広まれば、爆発的な被害を生じかねません。

また、二酸化炭素の増大による大気の構成変化自体が、生物としての哺乳類の生存さえ脅かしかねないとの仮説まであります。

もちろん、ＩＰＣＣの「仮説」に対する異議は存在します。ただし、それらは現在まで「仮説」への疑問を呈するだけで、それ以上の「覆す」までには至っていません。

「仮説」であるので明快な因果関係が立証されていないという反論もあるのですが、人類に災厄を及ぼす科学的事案について「明快な因果関係が立証されていない」から放っておいていいわけがありません。

ある程度信用できる機関が強い可能性を示唆し、それに対する反論が仮説を覆すまでに至らない場合、その被害が甚大と想定されれば手を打っておくに越したことはないというのが世界の潮流です。

●国連気候変動枠組条約

そうした危機感から、１９９４年に**国連気候変動枠組条約**が発効しました。条約を批准した国（締約国）が翌年から年に一度集まって話し合うのが、**国連気候変動枠組条約締約国会議（ＣＯＰ）**です。

国際協定がなされたのは１９９７年の3回目のＣＯＰ（ＣＯＰ３）で採択された**京都議定書**です。温暖化の主因を作った先進国だけに削減義務を負わせる決まりで、２００８年から12年までにアメリカは７％、欧州連合（ＥＵ）は８％、日本は６％削減（１９９０年

国連気候変動枠組条約に関する取り組み

1997年 京都議定書（COP3）
- 2012年までのCO_2排出削減目標を決める
- 先進国だけに削減義務
- アメリカは離脱

↓

2011年 京都議定書延長（COP17）
- 京都議定書の2020年までの延長を決定
- 日本は延長には不参加

↓

2015年 パリ協定（COP21）
- 2020年以降の温暖化対策の枠組みを決定
- 途上国を含めた全加盟国（196ヵ国）が参加
- 産業革命前からの平均気温上昇を2℃未満に抑える

比）が課されました。

その後、当時排出量トップのアメリカの離脱があったり、急速に経済発展を遂げていくにつれ排出量も増大した中国が、途上国にカウントされているため削減の義務がないなどの課題が出てきたのです。

京都議定書の続きである２０１３年以降の枠組みを話し合った09年のコペンハーゲンでのＣＯＰ15の失敗は、その後の交渉に影を落としました。

最大の対立点は、先進国と途上国が「排出量が増えている途上国も応分の負担を」「温暖化は先進国の責任だ」という原則論から抜け出せず、地球全体の気温の上昇について、「2℃未満の抑制」を目指すという最低限の

各国の二酸化炭素排出量割合

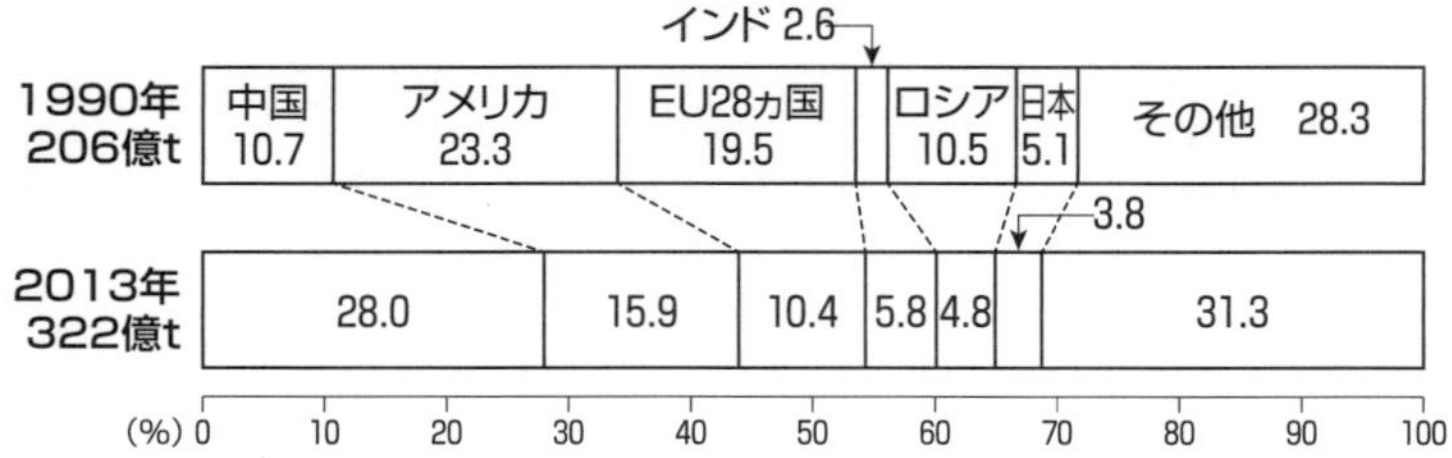

※『世界国勢図会2016/17』より作成

合意を確認するのがやっとでした。

翌２０１０年のＣＯＰ16は、ＥＵが次善の策として京都議定書延長を提案したのに対して、日本は京都議定書で削減義務がある国々の排出量はもはや世界の4分の1強に過ぎず、延長しても効果に乏しいと反対しました。一方の途上国は延長案でいいとの立場。

２０１１年のＣＯＰ17は、13年以降を「第二約束期間」として、京都議定書延期を決めるとともに、２０２０年から効力を持つ、締約国すべてが参加する新枠組みを目指すと決めました。日本は先に挙げた理由で京都議定書の延長には加わらないと表明します。

●新たな枠組みのパリ協定

このように、先進国と途上国の認識の違いや、実効性のある目標設置ができるのかといった課題がある中、２０１５年のＣＯＰ21は予想外の成果を上げました。

温暖化による海面上昇によって、水没してしまう可能性がある島しょ部の国々が中心になった「野心連合」の登場もあって、**202**

0年以降の地球温暖化対策を決める枠組みである「パリ協定」を採択できたのです。

内容は、産業革命（18～19世紀）以後の気温上昇を「2℃よりかなり低く抑える」とし、長期目標として21世紀後半には温室効果ガスの排出と森林などによる吸収を均衡させ、事実上排出をゼロにするというもの。「気温上昇2℃未満」が攻防の焦点と見られていたために、予想外に踏み込んだ結果です。

参加国はそれぞれ目標を定めて報告し、5年ごとに検証します。明確な削減目標の数値義務化は見送られ、「実効性はあるのか」という不安はあるものの、国際社会が注視している中での点検があるので、不安な点は補えると評価する声もあります。

ただし、現在出されている各国の削減目標では2℃未満に抑えるのは厳しいと見られています。5年ごとの検証でどこまで理想に近づけるか。戦いはこれからも続きます。

6 紛争はなぜ、起きるのか？

多くの国が悩みを抱える独立運動

KNOWLEDGE OF INTERNATIONAL RELATIONS

日本は、韓国やロシア、中国などの近隣諸国と領土に関する見解の相違を抱えている半面、国内では日本人が圧倒的多数を占めるので、分離独立運動はほとんど見られません。しかし、世界的に見ると、むしろこちらのほうが深刻です。

18ページで述べた通り、国民とは、同じ言語、文化、宗教などを持ち合わせていると見なす、いわば擬制です。ところが、さまざまな理由から、**ある国の一部になっていても、「私たちは他の人たちとは異なる」と主張する一群が、しばしば分離独立運動を起こしていて、各国とも対応にやっきになっています。**

中には、ロシアのチェチェン紛争のように、流血の惨事に陥ったケースもあります。その国の内部で紛争が起きても、国際社会は「内政不干渉」で注視するしかないのが実情です。

●クリミア編入の経緯

第二次世界大戦後、領域を保有する国の承認なしに武力を背景にして外国の地域を奪い取った唯一の例が、ロシアの**クリミア編入**（2014年）です。

クリミアはもともと、ウクライナという国の一部で、その中で自治共和国を構成していました。

クリミア自治共和国は2014年3月に、ウクライナからの独立を議会の圧倒的多数で決めました。とはいえ純粋な独立宣言というよりは、クリミアをロシア連邦に編入するかどうかを決める住民投票の下ごしらえ、といった要素が強いものです。独立国が自主的に他国への編入を求めたという形ならば、国際法違反といった批判をかわせそうだ、との思惑がロシアにありました。

当然、ウクライナ側は、この独立宣言に対して、「違憲だ」と反発しています。アメリカのオバマ大統領も「憲法には領土問題を『ウクライナ全土での国民投票で決める』とある」と述べ、ウクライナ側に同調しました。

この問題は簡単に見えて、複雑な歴史的背景があります。

ヨーロッパとロシアの中間にあるウクライナ

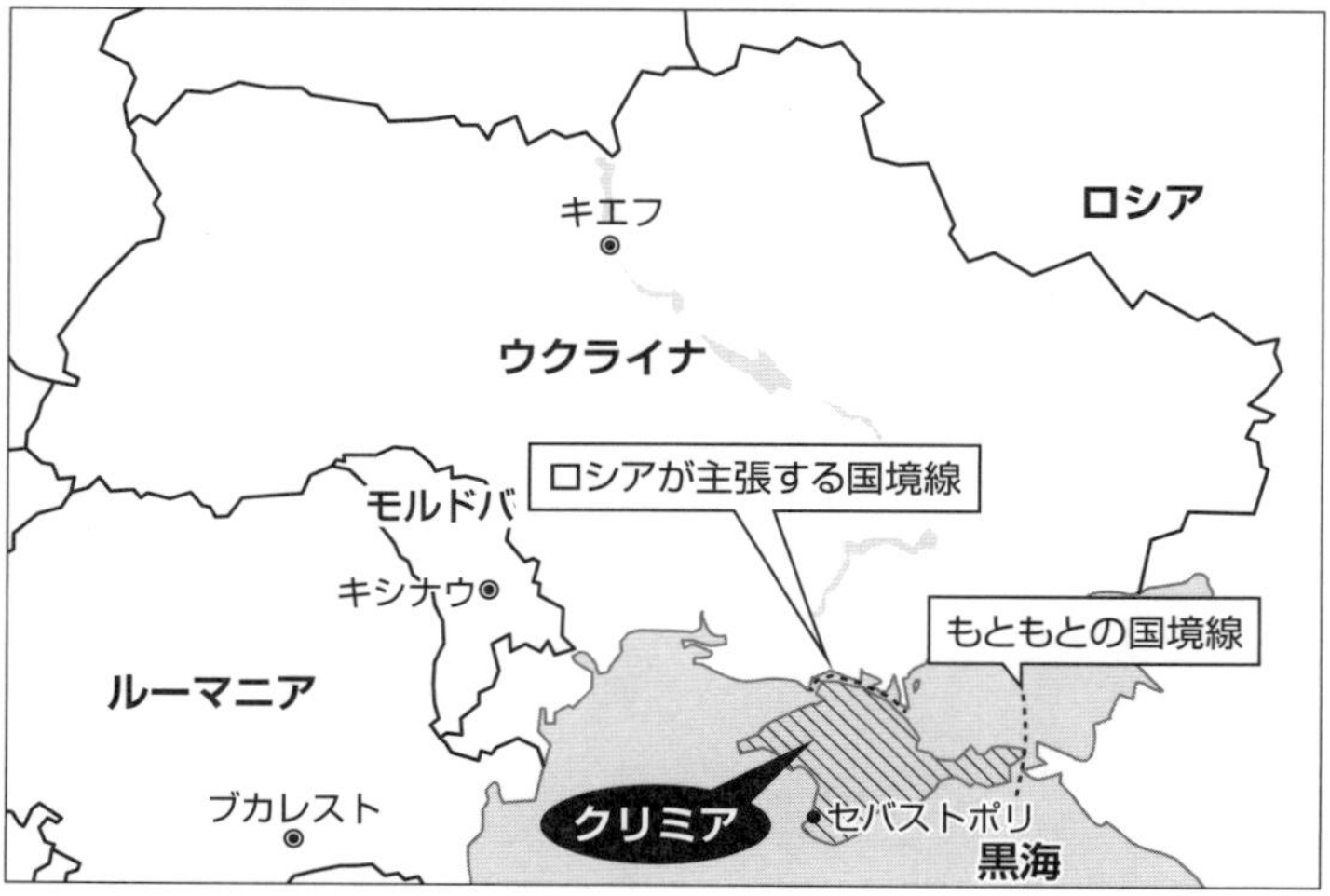

クリミア半島をめぐる主な出来事

1954年 ソ連内で、クリミアがロシアからウクライナ領に

↓

1991年 ウクライナの独立、ソ連の崩壊

↓

2014年 クリミアがウクライナから独立宣言、ロシアへの編入を決める

まず「ウクライナ」とは何か、という問題です。

ウクライナは、ヨーロッパとロシアの中間に位置しています。西部が比較的親ヨーロッパで、一方東部が親ロシアとされています。ただ、どちらに近づくにせよ、独立国家でいたいという強い思いは、ウクライナの人口の8割近いウクライナ人共通の願いでしょう（ウクライナの残りの約2割の大半は、ロシア人です）。

というのも、この地域は18世紀頃からロシアの支配下に組み込まれ、ロシア帝国が革命で崩壊した1917年を機に一度は独立を宣言しました。しかし革命によって成立した共産主義勢力に敗北し、共産党の操り人形政権が作られた後、1922年にロシアなどとともに、ソビエト社会主義共和国連邦（ソ連）結成に至った経緯があるからです。しかも実際には、ソ連の中でのウクライナは、実質的にロシアへ従属するような形でした。

時が流れて1991年8月、ソ連大統領が軟禁され、保守派がクーデターを起こそうとして失敗しました。ウクライナは時を逸せずに独立宣言します。ソ連は、同年12月に崩壊しました。以後現在まで、ウクライナは独立を継続しています。

クリミアは、ウクライナの南端にあり、北部をウクライナ、東部をロシアと接する半島です。露土戦争（1768〜74年）の結果、1783年にロシアが編入して以来、ロシア

の軍事的要衝となってきました。特に半島南部のセバストポリは、ウクライナ領であった時も、ロシア最大級の軍事的拠点でした。

「セバストポリ」は、ロシアがイギリス、フランスなどと１８５３年から56年まで戦ったクリミア戦争での大激戦地であり、またソ連時代には、１９４１年からのドイツ軍との一大攻防戦を演じた場所でもあります。いわば、セバストポリという地名は、「ロシア人の琴線《きんせん》」に触れるものがあるのです（なお、セバストポリはクリミア自治共和国とは別のウクライナの特別市とされていて、ウクライナの管轄地域でした。したがってクリミア独立は、正確にいうと「クリミア自治共和国とセバストポリ市の独立宣言」です）。

それほど大切な半島が、なぜロシアでなくウクライナ帰属になったかというと、１９５４年にソ連の最高指導者、フルシチョフ党第一書記（当時）がウクライナ領に変更したからです。

出自から「ウクライナ出身」といってもいい彼は、ソ連共産党権力闘争の中で、故郷に恩を売っておこうという腹づもりがあったのでしょう。当時のウクライナは、ソ連の一部にすぎなかったので、クリミアをウクライナ領にしても、安全保障面に気を使う必要もありませんでした。

ただ、親ロシア感情の強いクリミアの人々は憤激しますが、かといってソ連の強権体制下では直接モノもいえません。

クリミアに関する事柄のみならず、フルシチョフに対する不満は、アネクドート（小話）の形で地下に広がりました。

「フルシチョフはバカだ。フルシチョフはバカだ」。そう叫んだ男はすぐに捕らえられ、懲役20年の刑に処せられた。その1年分は最高指導者を侮辱した罪、19年分は、（フルシチョフはバカであるという）国家の機密を漏らした罪で……

予想通り、**1991年のソ連崩壊とウクライナの独立で、クリミアは大問題へと発展します**。当初はウクライナとロシアが折り合って、

- ロシアはクリミアをウクライナ領と認める
- クリミアは国家とほぼ同等の権限（議会や政府の設置など）を持つ自治共和国であると、ウクライナ憲法が保障する
- セバストポリの軍港はロシアが借り受ける

ことで妥協します。

なお、独立宣言後のクリミアでは、引き続き、ロシアへの編入を求めるか否かの住民投票を行って、多数が賛成（不正の疑惑あり）します。ロシアのプーチン大統領がそれに応じて、「ロシア連邦の一員となった」と宣言しました。

手の込んだやり口であっても、国際法に抵触しているのはほぼ明らか。主要国のほとんどが編入を非難しています。

●スペインのカタルーニャ自治州の独立運動

同じように住民投票で独立を決めたと叫んでも、当事国が投票そのものの効果を認めないため無効と見なされたのが、スペインの北東部にあたる**カタルーニャ自治州**です。2014年11月に独立を問う住民投票が行われて賛成が約8割を占め、15年9月の議会選挙でも独立を訴える勢力が過半数を取りましたが、独立できていません。

もともとスペインはさまざまな国が寄り集まって成立した過去があります。カタルーニ

独立運動が盛んなカタルーニャ自治州とバスク自治州

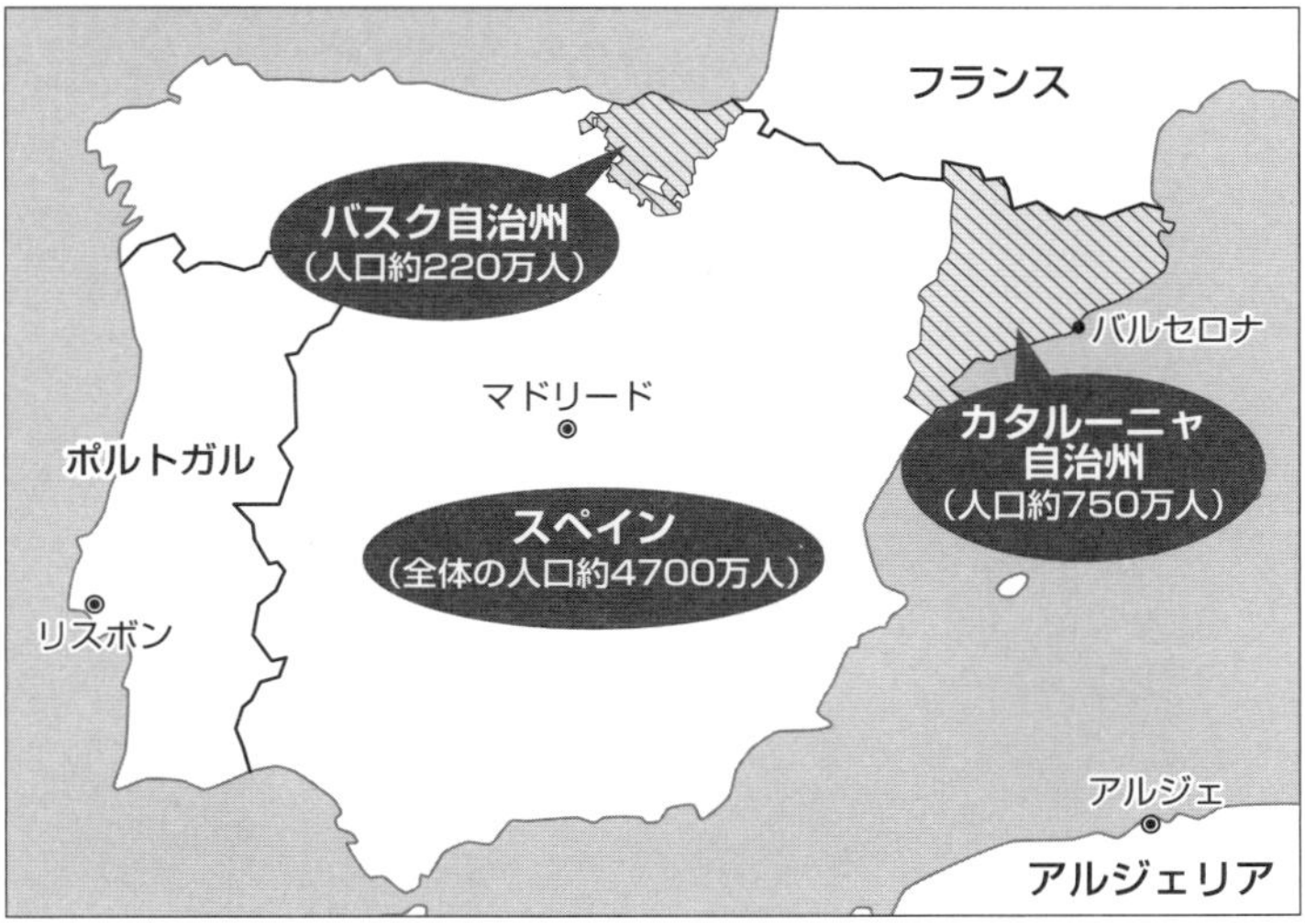

ャ以外でも、北部のバスク地方の独立運動もよく知られているところ。

カタルーニャはサッカーで有名な州都バルセロナを中心に、中世から独立国家に近い自治を得てきました。独自言語のカタルーニャ語で学校教育がなされ、「国旗」「国歌」も持ち、いわゆるスペイン的な文化である闘牛やフラメンコは人気がありません。

１９３６年から始まったスペイン内戦では、カタルーニャは後に長期政権を敷くフランコ将軍と最後まで激しく戦い敗北しました。フランコ独裁（１９７５年まで）の時期は、カタルーニャ語の公での使用禁止などが行われ、弾圧されていました。

こうした歴史的経緯に加えて、カタルーニャが独立を目指すのは商業や工業、金融業などが比較的盛んで、州内総生産がスペイン全体の2割を占める経済力の存在。自治州が政府に納める税金が、政府からの交付金などを大幅に上回っていて、不満が高まっているのです。

●独立を問う住民投票が行われたスコットランド

当事国公認で「独立か否か」の住民投票を行ったのが**スコットランド**です。イギリス（大ブリテンおよび北部アイルランド連合王国）から独立する、つまり連合から離脱するのに賛成か反対かの住民投票が2014年9月に行われ、反対派が多数（55・3％）を占めました。

独立というと民族や宗教の違いや、宗主国への反発から起きる例がしばしば見られます。多くは血なまぐさい闘争を経ての革命的結果です。しかしスコットランドは、合法的かつ平和な環境で是非を問うたのが特徴です。

そもそもイングランド連合王国（イングランド・ウェールズ連合王国）とは別国家であったスコットランドが連合に加わった（大ブリテン連合王国）のは1707年。イングランド連合王国から経済的に締め上げられ、統合した面が強くあります。

とはいえ、それは300年以上昔の話。「過去に独立していた」ことを懐かしむ思いがスコットランド人になかったとはいいませんが、独立を求める直接の要因となったのは、

イギリス残留を決めたスコットランド

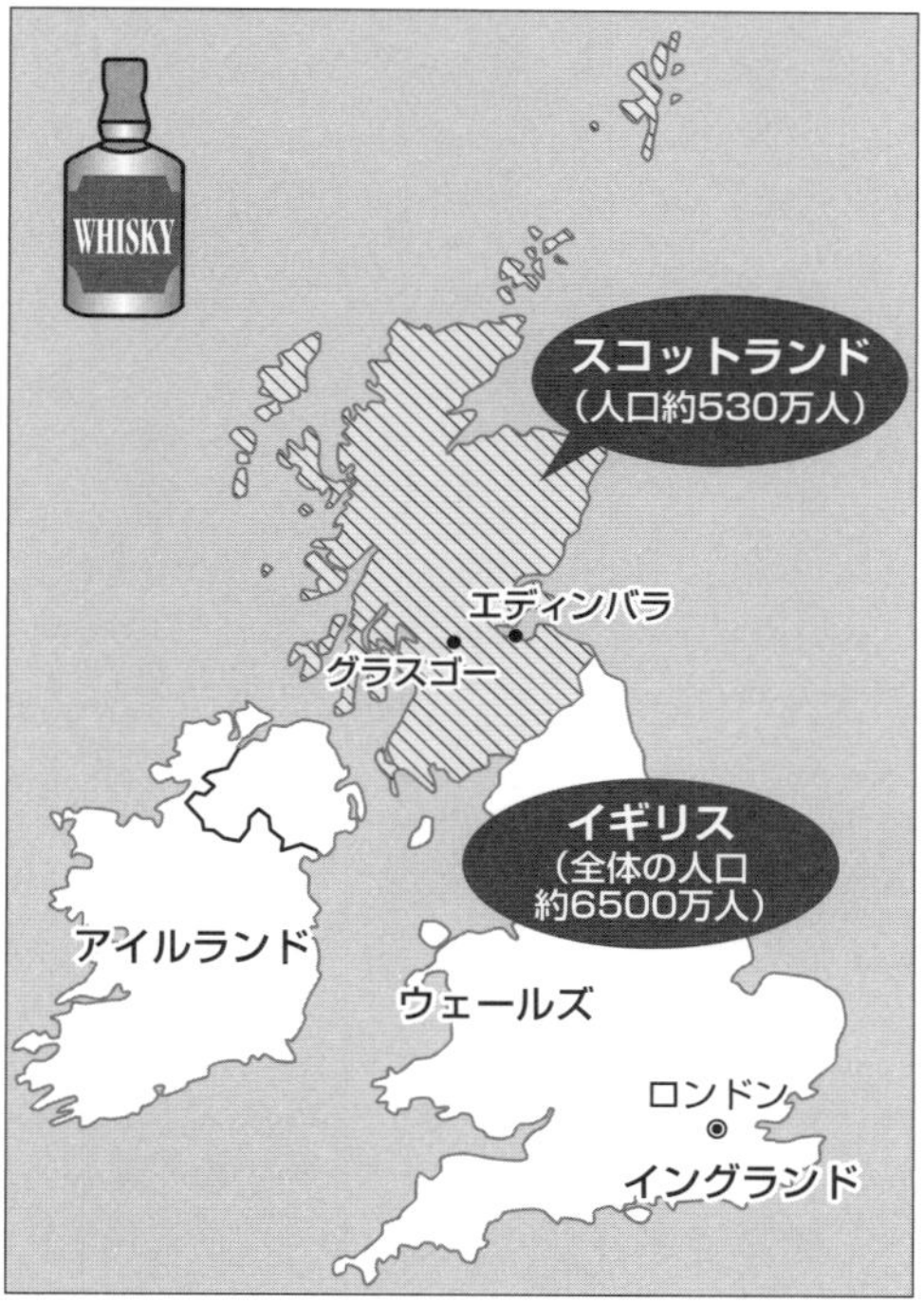

1970年代に見つかった北海油田の存在と、79年から90年まで首相を務めた保守党のサッチャー政権による政策です。

北海油田がある地域の多くはスコットランドに近接していて、スコットランド人からすれば不当に収奪されているとの思いがありました。加えてサッチャー政権が、石炭鉱山や造船といった、スコットランド最大の都市グラスゴーを中心に発展してきた産業を合理化し、多くの失業者を出したため、一時期人口減少などで都市がさびれていったのです。

1997年、スコットランドを金城湯池《きんじょうとうち》とする労働党が保守党から政権を奪還し、票田の不満を少しでも抑えようと、**スコットランド自治政府**の発足を認めました。

それからスコットランドの独立運動は、２０１１年の自治政府議会選挙で住民投票を公約に掲げたスコットランド民族党が勝利して具体化していきます。12年に、14年末までに住民投票をする合意がなされ、自治議会とイギリス政府が翌年法制化しました。

独立賛成派は次のような政策を掲げました。

- 北海油田の正当な取り分を確保して福祉政策などに充てる
- スコットランドに置かれている、イギリス唯一の核兵器（核弾頭ミサイル付き原子力潜水艦の母港）の撤廃

想定外の賛成派の盛り上がりにあわてたイギリス政府は、「独立したら、通貨（ポンド）を使わせない」というムチと、自治権のさらなる拡大というアメで必死に食い止め、何とか残留へとこぎ着けたのです。

7

国際裁判の種類

国同士のもめごとはどうやって解決する？

国際紛争を裁く機関は、いくつかあります。ここでは、それぞれの役割について見ていきましょう。

国際司法裁判所は、国連の主要機関で、1946年にオランダのハーグに置かれました。国と国とのもめごと（領土問題など）を国際法に基づいて解決します。「罪と罰」の判断はしませんから、刑事裁判より民事裁判に近いイメージです。あくまでも**国同士のもめごとを解決する機関なので、個人や企業は訴えられません**。

裁判官は計15人で任期は9年。3年ごとに5人ずつ改選します。国連総会と安全保障理事会がそれぞれ別の選挙をし、双方で絶対多数を得た者が選出されるしくみです（国連の組織については、第4章を参照）。地域ごとにバランスを取って配分しているのと、安全保障理事会の常任理事5ヵ国（アメリカ、イギリス、フランス、ロシア、中国）が1人ずつ裁判官を出しているのが特徴です。国際法に精通した者が選ばれます。

KNOWLEDGE OF INTERNATIONAL RELATIONS

国際司法裁判所は、一審（最初の裁判所）であるとともに最終審であり、国連は「自国が当事者であるいかなる事件においても、国際司法裁判所の裁判に従うことを約束する」と憲章で定めています。とはいえ判決には強制力がなく、罰則もありません。

通常の裁判と異なるのは、当事国がどちらも「裁判で争う」という点で賛成する必要があるところ。国連の理念であるいかなる国も平等という原則から、一方的な押しつけをしないようにと配慮した結果です。他国に訴えられたら、必ず応じるという**義務的管轄権**を受け入れている加盟国は少数に止まっており、そうでない国は裁判を拒否できます。

つまり一方の国がいくら裁判での決着を望んでも、義務的管轄権を認めていない国が応じなければ、裁判そのものが始まりません。

国際司法裁判所のもう1つの権能として、**勧告的意見**があります。意見を請求できるのは、総会、安全保障理事会などの国連の主要機関や、ユネスコのような専門機関、および国際原子力機関といった関連機関などです。

1994年に国連の総会が、「核兵器の使用や威嚇が国際法に照らして違法かどうか」について国際司法裁判所に意見を求め、「一般的には人道法に違反する」などとした勧告的意見が有名です。なお、勧告的意見にも強制力がありません。

●100年以上活動している常設仲裁裁判所

この国際司法裁判所の前身であり、なおかつ今も活動しているのが**常設仲裁裁判所**です。1899年のハーグ平和会議で締結された国際紛争平和的処理条約に基づいて、ハーグに置かれました。

国際司法裁判所との違いは、国と国以外の、国と個人の間の争いや、個人間の争いも仲裁したり調停したりできるところ。当事国の片方が手続きを拒否しても進められるのも大きな違いでしょう。

裁判官はまず、あらかじめ登録されているリストの中から、当事者によって2人ずつが選ばれます。その後、選ばれた計4人の裁判官が1人の上級裁判官を選び、5人で審議します。

●戦争や紛争を裁く国際刑事裁判所

国際刑事裁判所は2002年、やはりハーグに常設されました。設立の根拠となったのは、1998年に採択されたローマ規程です。

国際刑事裁判所が裁くのは、国同士の戦争や国内の紛争で、次の4つです。
①多くの人を殺す**（集団殺害罪）**
②混乱に直接関係ない一般人を殺害したり迫害する**（人道に対する罪）**
③捕虜や捕まえた対立する相手を弾圧する**（戦争犯罪）**
④武力で領土を犯す**（侵略の罪）**
ただし4番目は、「何が侵略か」が明確に決まっていません。

裁かれるのは個人で、罪の性質上、軍人や政治家が該当します。

「裁判所」といっても裁判官だけではなく、捜査して起訴する（裁判にかける）かどうかを決める、検察官も所属しています。ローマ規程の加盟国が依頼してくるケースの他、検察官の職権でも捜査を行うかどうかを決めます。非加盟国であったとしても、国連安全保障理事会が決議すれば付託（頼んで任せること）できるしくみです。なお国際刑事裁判所が動く以前に、国内法で罪に問えるしくみがあれば、そちらが優先されます。

裁判は2回まで（二審制）で最高刑は終身刑。時効はありませんが、国際刑事裁判所発足以前の犯罪は対象になりません。

●戦争や紛争に対する国際裁判

第二次世界大戦後、国際刑事裁判所が設置されるまで、戦争や紛争にからんで政治家や軍人が裁かれたのは過去4回あります。うち2つが、敗戦国の日本とドイツの指導者などを対象にした裁判で、日本の**極東国際軍事裁判**（1946〜48年）とドイツの**ニュルンベルク裁判**（45〜46年）でした。

ただこれらは戦勝国（連合国）が敗戦国を裁くという、中立性への疑問や、訴因に、敗戦まで存在しなかった**「平和に対する罪」「人道に対する罪」**を入れたため、裁判の鉄則である「事後法では裁けない」を犯したという批判がなされています。

ゆえに公正な常設裁判所を求める声が上がったものの、折からの米ソ冷戦で国際的気運を高めるどころではなくなりました。

1991年のソ連崩壊前後、ユーゴスラビアとアフリカのルワンダで大量虐殺などが発生し問題視されました。国連の安全保障理事会の決議により、それぞれ個別の国際戦犯法廷が設置されましたが、常設裁判所が必要との考えが強まって、ローマ規程の採択、国際刑事裁判所の設置へとつながっていきます。

ただし、国際刑事裁判所については、いくつかの弱点が指摘されているのも事実です。

1つは仮に容疑が濃厚として逮捕状を出したとしても、相手が自国に留まり、かつ強力な権力を持っていたら捕まえられないことです。また相手が海外に出かけたとしても、国際刑事裁判所は日本国内における「警察」のような組織がないので、入国先の捜査当局頼りとなってしまいます。そこが逮捕状を執行しなければ、拘束できないのです。

2つめは安全保障理事会の常任理事国であるアメリカ、中国、ロシアがローマ規程を締約していないという状態です。例えばアメリカについて見てみると、同国は世界のさまざまな地域に軍事展開しています。ローマ規程に加盟すると、各地にいるアメリカ兵などが起訴されかねないと警戒しているのです。

第3章

世界の国々と日本のかかわり

1

「捕鯨」から見た日本とノルウェー

国際社会における振る舞いの違い

KNOWLEDGE OF INTERNATIONAL RELATIONS

世界共通の課題で日本が少数派になって多数派と激突するというケースは実は珍しいのですが、その例外的なテーマが**捕鯨問題**です。

●捕鯨問題における日本の立場

クジラ資源の国際的な扱いを定めた国際捕鯨取締条約に基づいて設立された国際機関が**国際捕鯨委員会（ＩＷＣ）**。ここでの概念として**「商業捕鯨」**と**「調査捕鯨」**があります。文字通りクジラを捕って儲ける漁業一般を商業捕鯨といい、１９８２年にＩＷＣが一時停止を決めました。捕鯨国のうちノルウェーとアイスランドは一時停止そのものに異議を申し立てて商業捕鯨を続けます。対して日本は一時停止を受け入れた上で条約８条で認められている調査捕鯨へと転換を選択しました。特別許可書が与えられれば、科学的研究のためクジラを捕獲し、殺し、処理することができるというものです。

許可書に基づいて捕獲したクジラは可能な限り加工し、取得金は政府の指示書にしたがって処分。日本はそうしてきました。しかし、２０１０年にオーストラリアが日本の調査捕鯨は商業捕鯨に実態は近く違法と、国際司法裁判所（69ページ参照）に提訴し、２０１４年、裁判所も認めてしまいました。

日本側は抵抗しています。８条にある通りにクジラを扱ってきたし、「調査」に値する科学的知見も発表してきた。何がおかしいのか、という主張です。

筆者も日本人なので、反捕鯨国の論法には憤りを禁じ得ません。ただ、「いい悪い」は置いておいて「得か損か」で考えると、無理に捕鯨を続けて国際的に孤立するのは割に合わないとも感じます。というのも、多くの日本人、とりわけ若い世代は「クジラを食べる」風習がほとんどないからです。日本の1年間の鯨肉使用量は約５００トンで、同程度の在庫を抱えているのが現状です。要するに余っているのです。

調査捕鯨を実施しているのは一般財団法人「日本鯨類研究所」（鯨研）です。この組織の費用は鯨肉の販売で基本的に補わなければなりません。ところが現状は鯨肉が余っているので売上は低迷して赤字に陥り、6億～8億円の税金が毎年投入されています。なお鯨研といえば水産庁の主要な天下り先であるのは公然の秘密。日本人の「愛国捕鯨」を盾に、役人が無駄遣いの巣を作っている可能性があるとすれば見逃せません。

さらに東日本大震災復興予算から「鯨類捕獲調査安定化推進対策費」の名で約23億円を計上しています。「震災との関連性が薄い」と批判されるや反捕鯨団体**「シーシェパード」**による調査捕鯨妨害対策に使ったといい出しました。

シーシェパードは調査捕鯨船に乱暴を働くならず者で、一種のテロリストです。極めて悪質で反捕鯨国からも批判されています。だとしても総額23億円のうちシーシェパード対策は5億円ほど。大半は鯨研への純然たる補助金と化したことがわかっています。

●ノルウェーの捕鯨の立場

一方、日本より強硬なノルウェーは、強い批判を日本ほど受けていません。日本は一歩譲って「調査捕鯨」としました。それが商業捕鯨と同一視されているのが非難の的であるのに、**敢然《かんぜん》と商業捕鯨を貫くノルウェーは、であるがゆえに「商業捕鯨をしている!」という反発を招かないのです。**

人口約500万人のこの国は外交上手で知られています。

反捕鯨最強硬派のオーストラリアとは、南極の利権で手を結んでいます。オーストラリアは南極大陸の一部領有権を主張し、それを起点にした排他的経済水域を含めた場所では、

ノルウェーの外交の独自性

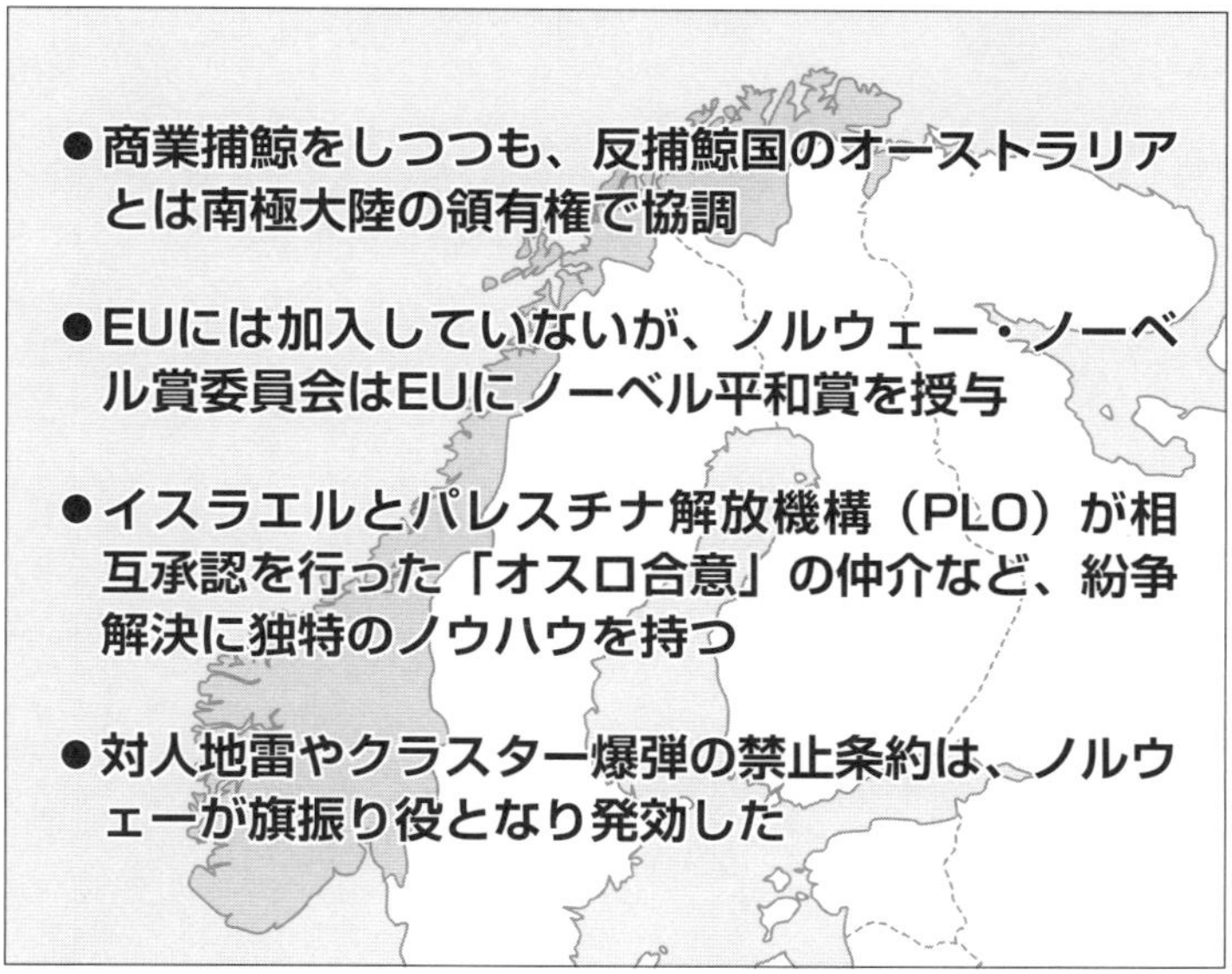

- 商業捕鯨をしつつも、反捕鯨国のオーストラリアとは南極大陸の領有権で協調
- EUには加入していないが、ノルウェー・ノーベル賞委員会はEUにノーベル平和賞を授与
- イスラエルとパレスチナ解放機構（PLO）が相互承認を行った「オスロ合意」の仲介など、紛争解決に独特のノウハウを持つ
- 対人地雷やクラスター爆弾の禁止条約は、ノルウェーが旗振り役となり発効した

クジラだろうが何だろうが漁などするなと主張。南極海で調査捕鯨をしている日本に反発する理由にもなっています。ただし、この訴えは多数の国が認めていません。

わずかにオーストラリアの主張に賛成する国の1つに、何とノルウェーがいるのです。同国出身のアムンセンが初の南極点到達者でもあり、同じくノルウェーも南極大陸の領有権を主張しているからです。むろんこのような事情を慮《おもんぱか》って、ノルウェーは南極海にはクジラを捕りには行きません。

また**ノルウェーは、ヨーロッパにありながら欧州連合（EU）にも加盟していません。**北海油田の発見後、豊富な地下資源がノルウェー経済を支えており、独自性を保ったほうが得策というしたたかな計算が見え隠れします。

でありながら、2012年のノーベル平和賞をEUに授与するバランス感覚。ノーベル賞の選考のうち平和賞だけは、創始者ノーベルの遺言によって、ノルウェー・ノーベル委員会（5人）に付与されています。委員はノルウェー国会によって選ばれ、ほぼノルウェー人と考えていいでしょう（ノルウェー政府は常々「政府とは関係ない独立機関」との見解を述べていますが……）。ちなみにフランス、ドイツ、イタリアなど、EUの主要国は反捕鯨です。

同じ反捕鯨国のアメリカには2009年にオバマ大統領へ、04年にはアフリカの反捕鯨国ケニア出身で、環境保護活動家のマータイさんへノーベル平和賞を贈っています。

また、後述するように（256、264ページ参照）ノルウェーは、紛争の仲介人としての役割も果たしているのです。

2

日本人が理解しにくいアメリカの「民主主義」

大統領の選出方法から探っていく

KNOWLEDGE OF INTERNATIONAL RELATIONS

アメリカは、厳格な三権分立を採用する大統領制の国です。**アメリカの大統領は国民から選ばれて行政権を一手に握ります。**また大統領は、米軍の最高司令官でもあります。

一方で、日本人が思っているほど大統領が強くないという側面も持ちます。大統領に法案提出権はありません。ただし、上下院（議会）で可決された法案が最終的に成立するには大統領の署名が必要なので、ここで**拒否権**を発動できます（それでも、両院の3分の2以上で再可決されれば覆せます）。

日本では内閣（行政トップ）が作成する予算案も、議会の専権ですし、条約の承認権も議会にあります。ただ、議会に対して**「教書」**という形で大統領の希望は述べられます。

大統領の任期は4年で再選まで可能です。議会の解散権を持たない代わりに、議会も日本の内閣不信任決議のような方法で大統領に辞任を迫る手段を持ちません。「弾劾《だんがい》」というやり方がないことはないものの、それで辞めさせられた大統領は一人もいません。

●しくみがわかりづらい大統領選挙

アメリカ大統領選挙は4年に一度、世界に類を見ない奇妙な形式でなされます。まず有権者であっても自分で有権者登録をしないと投票できません。日本のように住民基本台帳に基づいて選挙人名簿が作られ、自動的に投票所への入場券が配られるわけではないのです。

しかも**候補者個人を選ぶのではなく「選挙人」を選びます。**選挙人とは、あらかじめ候補者を支持していると明言している人のことです。しかし投票用紙にあるのは候補者名。何でまたこんな面倒くさい制度かというと、18世紀後半の合衆国憲法制定時はメディアも発達していなかったので、有権者が各候補者の意見をきちんと理解するのが難しかろうと、日本風にいえば候補者選びを、「名主様にお任せするのだ！」みたいな感じで誕生したようです。

世界一の国になった今では時代錯誤と感じる制度も、アメリカ国民の「建国以来の」という思いが存続させているのでしょう。

ちなみに、**大統領選挙の投票日が火曜（11月の第1月曜日の翌日）というのも、昔の事情を受け継いでいます。**かつて日曜日は教会に行く日で、投票を実施するのは難しい状況

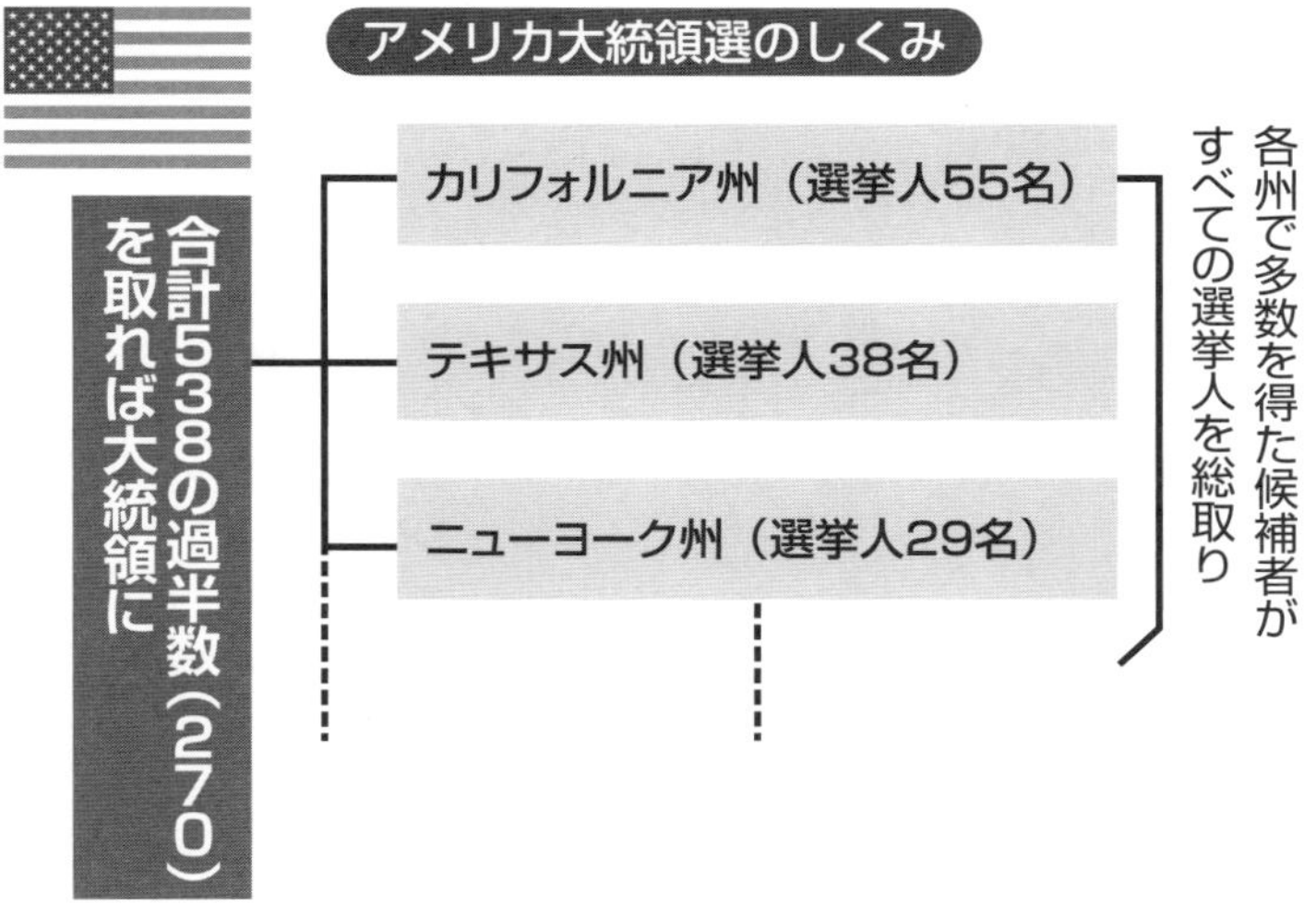

でした。また、交通手段もないに等しかったため、投票に行くにも途中で宿泊しなければならない人もいて、投票所へ足を運ぶのが月曜日でも厳しかろうと、火曜日に決めました。しかし現在の火曜日はほとんどの州や企業では「ただの平日」です。

●アメリカという国が成立した経緯

では、**各州の選挙人数はどう決められているかというと、上下両院の議員数と同数です。**

下院議員の議席数は各州ごとの人口比例で決められていますが、上院議員は各州２人。州人口とは関係ありません。その結果、これまた日本でいうならば「１票の格差」が生じます。法の下の平等など個人の権利や民主主義の原則をひときわ重んじるはずのアメリカが、なぜ格差を容認しているのでしょうか。

その理由もまた、建国時点にまでさかのぼります。

アメリカの独立は、現在の北東部にある13のイギリス植民地の独立革命によって成し遂げられました。1783年のパリ条約でイギリスが独立を承認した、という認識が一般的で、承認された国家は13植民地の同盟体である連合会議であり、連合規約で結ばれていました。

独立によって、各植民地はステーツ（States）となります。今では「州」と訳されますけど当時の感覚ではステーツは1つひとつが「国家」でした。United Statesとは「マサチューセッツ国」「コネティカット国」などの連合で、現在のEUのミニチュア版みたいな感覚だったのでしょう。

連合規約は、これらのステーツがイギリスからの独立、という目的一点において成立した部分が大きく、それを果たしてからは不都合が生じました。特に国際面で他国と外交関係を結ぼうにも、13のステーツを代表する機関も役職も人物もいません。ステーツごとに税制も刑罰も皆違います。これでは具合が悪いと考える者もいた半面、ステーツこそ自分の所属する国家で、その上に何らかの権力を置くのは嫌だという勢力も強かったのです。

したがって、1788年に成立した合衆国憲法を審議した前年の憲法会議は、今でこそ「憲法会議」と呼ばれるも、当時は「連合規約改定の話し合い」を名目に、いわばステーツ重視派を出し抜く秘密会として開かれました。

そこで当然議論になったのが、連邦（United States）の代表をいかにして選ぶかです。最初に提出されたのが、人口に比例した議員を選出して、二院制とする「バージニア案」。しかし人口の少ないステーツは、それでは損だと、ステーツの人口の多少を問わず、各州同数の議員を選出した一院制にすべしという「ニュージャージー案」で対抗しました。

前者では小さなステーツが納得しないし、後者では多数を抱えるステーツが案を飲めません。そこで両方を混ぜ合わせるような案が出ました。

すなわちステーツごとに同じ数の議員で構成する上院と、人口比例にする下院の二院制とする「コネティカット案」で、新たな中央政権はステーツの代表でもあり国民の代表でもあるという、よくわからない提案でした。

しかし、そこがアメリカ史の面白いところで、コネティカット案で行かないと結局はまとまらないからいいとしようと、決着してしまったのです。「偉大な妥協」と呼ばれています。だから**上院は「州＝国の代表」を送るのだから各州同数。下院は国民の代表だから人口比例となった**のです。

その論理を大統領の選挙人数も引き継いでいるので、**大統領選は国民一人ひとりの代表というよりは、「我が州はこの者を選ぶ」という意思表示の表れといえましょう。**

州ごとに候補者どちらかが1票でも多ければ、その州の選挙人は勝ったほうの総取りとなるのが原則です。現在は共和党と民主党の二大政党なので、猛烈な接戦であっても共和党が勝てば共和党の、民主党が勝てば民主党の選挙人団がその州の全部を占めるのです。

これも「死に票」をあえて増やすような制度ですが、大統領候補の選出は州の意思、州の代表なので総取りがふさわしい、という考えのようです。

最近では一部の州で、この総取り方式を見直す動きもあります。逆にいえば州単位で方式を見直してもいいわけで、ここでも「州=国の代表」という考え方がうかがえます。

近年は、南部が共和党、北東部と西部で民主党が強い傾向があります。その多くは変な話、何もしなくても優劣が変わらない「鉄板州」です。言い換えれば候補者にとってはありがたい票田だけれど、それゆえに選挙への影響を受けないため、候補者はあまり遊説に入らないし、お金もかけません。

問題なのが選挙ごとにどちらへ傾くかわからない「揺れる州」です。

選挙人の多い順に、

フロリダ州(29)、ペンシルベニア州(20)、オハイオ州(18)、ミシガン州(16)、バージニア州（13）、コロラド州（9）、アイオワ州（6）、ネバダ州（6）あたりです。

フロリダは南部なので共和党が強いようですが、民主党支持のヒスパニック住民も目立ち、民主党的なリベラル志向の強い年金生活者も多い。オハイオ、バージニア、アイオワは北が民主党、南が共和党支持が強い。ネバダは東側で民主党の牙城カリフォルニアと接し、西側は共和党支持基盤が厚い、といった様相です。

3

日米安全保障条約と日本

時代とともに、変わる役割

KNOWLEDGE OF INTERNATIONAL RELATIONS

1945年、日本はアメリカなどの連合国との戦争に敗れました。終戦の根拠となったポツダム宣言には「連合国軍の占領」が明記されており、日本はこの宣言を受諾したため**連合国軍最高司令官総司令部（GHQ）**に占領されました。総司令官のマッカーサー陸軍元帥を頂点とした、アメリカ主体の執行機関でした。

占領下で公布・施行した日本国憲法は、9条で、

1 日本国民は、正義と秩序を基調とする国際平和を誠実に希求し、国権の発動たる戦争と、武力による威嚇又は武力の行使は、国際紛争を解決する手段としては、永久にこれを放棄する。

2 前項の目的を達するため、陸海空軍その他の戦力は、これを保持しない。国の交戦権は、これを認めない。

と定めます。軍隊を持たないと決めたのです。

ＧＨＱは間接統治を敷いたので日本人の政府も許されました。この間に最も長く首相を務めたのが吉田茂です。彼は独立の回復に腐心するとともに、その後の安全保障も考えていました。

大戦後の世界はアメリカとソ連の「冷戦」が深刻化し、１９５０年には日本の隣の朝鮮半島を南北に分けての戦争が始まりました（243ページ参照）。米ソの代理戦争の様相が濃く、北をソ連（派兵はしていない）と中華人民共和国、南をアメリカを中心とした多国籍軍がそれぞれ支援します。

激闘のさなか、１９５１年にアメリカのダレス国務長官顧問が特使として来日し、吉田首相と三度に渡る会談をします。独立回復を唱える吉田首相に対してダレス特使は朝鮮戦争への日本の「貢献」を求めました。その言葉を「再軍備」ととらえた吉田首相は応じなかったのですが、以後の日米の協議では、独立後も米軍が日本に留まると確認しました。

同年、アメリカはイギリスと共同してサンフランシスコで講和会議を行う招請状を日本に送ります。吉田首相らが渡米して**サンフランシスコ講和条約（サ条約）**に署名、翌１９５２年に効力を持ち、待望の独立回復となりました。

●サンフランシスコ講和条約の締結と安保条約

サ条約にサインした吉田首相は午後、**日米安全保障条約（安保条約）**にも署名します。日本が独立後も米軍の駐留を望んでいるのでそうする、早く日本が独自の防衛力を備えるよう期待する、といった内容で、アメリカの日本防衛義務の明記はありません。在日米軍の地位や使用施設、裁判管轄権などは**日米行政協定**として定められました。

1960年の安保条約の改定で、条約および付属文書でアメリカの**「対日防衛義務」**を定めました。また、在日米軍の配置、装備における重要な変更、日本を基地とする「戦闘作戦行動」は、日本の「意思に反して一方的な行動をとることがないよう、米国政府が日本政府に事前に協議することを義務づけ」ました（外務省が公開している「日米安全保障条約〈主要規定の解説〉」に依る）。

ただ、**「対日防衛義務」をストレートに「アメリカは日本を無条件に守る」と解釈するのは安易であるという批判もあります。**

外務省のいう「対日防衛義務」は、条約5条の、日米は「日本国の施政の下にある領域における、いずれか一方に対する武力攻撃が、自国の平和及び安全を危うくするものであることを認め、自国の憲法上の規定及び手続に従つて共通の危険に対処するように行動することを宣言する」から引いています。

まだるっこしい表現ですね。つまりアメリカ側から見れば、日本への武力攻撃が、自国（アメリカ）の平和及び安全をも危うくすると認められた際に、自国（アメリカ）の憲法上の規定及び手続に従つて防衛するのであって、在日米軍基地以外の日本のどこかを外国に攻められても、それがアメリカをも危うくすると認められなければ、また「憲法上の規定及び手続」（大統領権限や議会）が許さなければ、守らないとも読めます。

安保条約と同時に定められた、1952年の日米行政協定は、**日米地位協定**に引き継がれました。地位協定では、在日米兵や家族の他、事務員や運転手といった軍属（軍隊に勤務する者）の法的地位を定めています。具体的には、

- 日本の米軍基地内はアメリカの法律を適用
- 公務（仕事）中の米兵などの優先的裁判権はアメリカにある
- 公務外では日本に優先的裁判権がある

などです。

要するに**米軍の関係者が、仕事中か、そうでなくても米軍基地に逃げ込めば、日本の警**

察は手を出せません。基地が集中する沖縄を中心に「究極の不平等条約だ」と反発が強く、改定を望む声も多くあるものの、いまだ一度も改められていません。

1960年に改定された安保条約の効力は10年なので、70年には安保反対勢力による**安保闘争**が発生するも及ばず、自動延長となりました。条約は以後、日米どちらかが継続したくないと通告しない限り更新されていくとされ、そうした通告は一度もないため今日に至っています。

さて、実は安保条約は、アメリカ側が日本の防衛力が育つのを前提にしているもので、日本も一定の努力をしなければなりません（3条）。占領下の1950年にはすでに、GHQの要望で、軍事組織に準じる**警察予備隊**が創設されました。

サ条約発効の1952年には、**保安隊**へと改組され、海上保安庁の中に置かれていた海上警備隊も、**警備隊**に改められました。54年、これらを発展的に解消して新たな組織、**自衛隊**が誕生します。保安隊が陸上自衛隊、警備隊が海上自衛隊とされ、航空自衛隊は新設です。

4

韓国との間で抱える竹島問題

小さな島をめぐる大きな対立

KNOWLEDGE OF INTERNATIONAL RELATIONS

現在、日本はロシアと韓国（大韓民国）との間で領土問題を抱えています。

●竹島をめぐる歴史的経緯

島根県沖にある**竹島**は、日比谷公園程度の面積の小島です。韓国側は独島《トクト》と呼んでいます。現在の問題を知る上でポイントとなる歴史的地点は主に2つあります。

1つは日本が竹島を「本邦所属」とした1905年1月28日の閣議決定です。

1904年から05年の日韓関係（当時の韓国は今の大韓民国と北朝鮮を合わせた「大韓帝国」です）を時系列で追うと、

1904年8月　第一次日韓協約調印
1905年1月　日本が閣議で竹島を「本邦所属」と決定

1905年11月　第二次日韓協約調印

となります。

日本が公然と大韓帝国の外交権を奪ったのは第二次日韓協約（韓国保護条約）によってです。外交権が奪われれば事実上韓国は「竹島は私のもの」という領有権を対外的に主張できなくなります。

ただ竹島の「本邦所属」決定は第二次日韓協約締結以前であり、その間に「韓国は日本帰属が不満ならば表明できたはず」という主張はできそうです。

では当時の日韓関係および国際情勢で韓国の「不満表明」は可能だったのでしょうか。注目すべきは、すでに第一次日韓協約で、韓国の外交権がかなり制約されていた点。第一次日韓協約の条文は、

韓国政府ハ日本政府ノ推薦スル外国人一名ヲ外交顧問トシテ外部ニ傭聘《ようへい》シ、外交ニ関スル要務ハ総《すべ》テ其《その》意見ヲ詢《と》ヒ施行スヘシ

とあります。

つまり第一次日韓協約で、韓国は、自由に国同士のお付き合いをする権利＝外交権を、完全には持っていなかったのです。「総テ其意見ヲ」聞かなければならない「日本政府ノ推薦スル」「外交顧問」が、保護者のようにいて指図されるからです。

この外交顧問が日本人ならば、ズバリ「１９０４年段階で韓国は外交権を事実上失っていたのだから、閣議決定にＮＯが言えるはずがない」となるところ、外交顧問が「外国人」だからやっかいです。

その「外国人」とは、アメリカ駐在日本公使館で働いていたスチーブンスでした。日本がアメリカの顔色をうかがったため顧問に推薦した、というのが定説です。

スチーブンスは親日家であるといわれていて、竹島領有について韓国側に立って日本へ抗議するような人物でなかったのは明らかでした。しかし国籍はあくまでアメリカ人。もやもやが残る点です。

●終戦から日本独立まで

もう１つのポイントとなる地点は１９４５年から52年までです。

１９１０年の韓国併合条約で、日本が朝鮮半島を植民地化してから35年後の１９４５年、日本はポツダム宣言を受諾して終戦となりました。

その8項に「「カイロ」宣言ノ条項ハ履行《りこう》セラルヘク、又日本国ノ主権ハ本州、北海道、九州及四国並《ならび》ニ吾等ノ決定スル諸小島ニ局限《きょくげん》セラルヘシ」とあります。

竹島問題に関していえば2点が重要です。

1点は「履行」（実行）するべきとされた**カイロ宣言**。これは、1943年に連合国の対日方針などを定めたものですが、ここには「朝鮮ヲ自由且《かつ》独立ノモノタラシムル」とあります。**日本はポツダム宣言受諾とともに植民地である朝鮮半島を手放す約束をしたと解釈できましょう。**

その後、いろいろあった後の1948年に、朝鮮半島には、南部に大韓民国（韓国）、北部に朝鮮民主主義人民共和国（北朝鮮）が分立して建国されます。

もう1点は「吾等（連合国）ノ決定スル諸小島」に竹島が含まれるか否か。それについてGHQは次のような行動をしています。

1945年9月　降伏文書に調印して連合国軍による占領が始まる

１９４６年１月　**ＧＨＱ覚書**で竹島は**「日本の範囲から除かれる地域」**であるとされる。と同時に連合国の**「最終的決定」ではない**ともした

１９５０年６月　朝鮮戦争勃発

１９５１年９月　サンフランシスコ講和条約（サ条約）調印

１９５２年１月　李承晩ラインの設定にともない、今日的な意味での竹島問題が浮上

１９５２年４月　サンフランシスコ講和条約発効。日本が独立を回復

１９４６年の、通称**「ＧＨＱ覚書」**とは「メモ」といった軽い意味合いではありません。命令や法律に匹敵する強制力がありました。

ただ日本の占領政策は組織の上では、ＧＨＱの上部にある主要連合国によって構成された最高機関「極東委員会」が決定することになっていたので、「ＧＨＱ覚書」は連合国の最終的決定ではないわけです。

要するに、実際には法律に等しい効力がある「ＧＨＱ覚書」によって、竹島が日本の範囲から除かれて、日本が独立を回復するまで、この覚書が別の覚書によって覆されなかったという事実があります。

また、占領下日本の日本海における漁業許可水域についても、通称**「マッカーサー・ラ**

日本と韓国で領土問題を抱える竹島

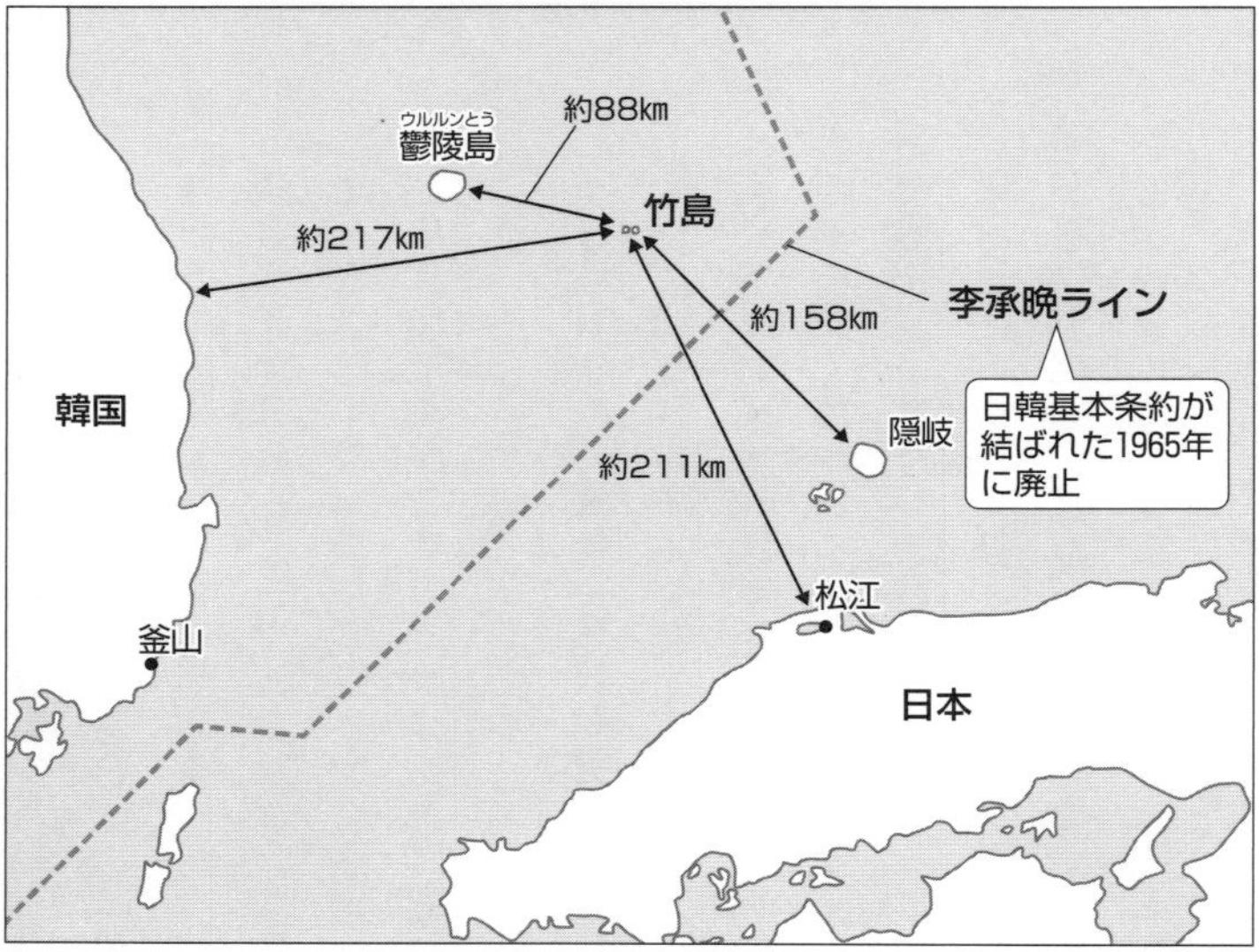

イン」で定められていて、竹島は含まれませんでした。ただしこれも、連合国の最終的決定ではないことになります。

●サンフランシスコ講和条約と竹島

次に、独立を回復したサ条約に、竹島はどう位置づけられているか、についてです。同条約第2章では、日本の「領域」について細かく書かれていますが、竹島の記載は明確ではありません。それがなぜなのか、今なおさまざまな憶測や議論を呼んでいます。

この条約は、完成版に至るまでの経緯で、竹島の日本領有是認、否認、無記載と変転しています。特に、アメリカ政府が大韓民国政府からの要望への回答という形で出した、通称**「ラスク書簡」**は、竹島を日本領とするニュアンスが濃厚です。

それが完成版に盛られなかったのは、一時期、朝鮮戦争で韓国軍と米軍を中心とする多国籍軍が、北朝鮮に押されに押されて南部の釜山を死守するのみ、という絶体絶命の危地に陥ったのと関係している、との見方があります。

そもそもアメリカが、日本との戦争状態を終結させるサ条約の締結を急いだ理由が朝鮮戦争でした。となると戦況が条約の文言に影響を与えたとも推察できます。

●国交正常化交渉の際もモメる

サ条約が効力を持った1952年4月からは、論理的には、竹島を日本の領土としなかった「GHQ覚書」や「マッカーサー・ライン」も無効となります。すると日本が、竹島を含んだ漁業水域を主張する可能性が出てきます。そのため、その約3ヵ月前（つまり「GHQ覚書」「マッカーサー・ライン」が有効な時期）の52年1月に、韓国の李承晩大統領が発したのが**「李承晩ライン」**です。

李承晩ラインは、韓国の日本海における主権を宣言した、資源保護および国防のために設けた海域で、そこに竹島を含めた領有権を主張しました。独立回復後の日本側は当然のように李承晩ラインを不当と反論します。ここで、竹島問題がハッキリした論争の対象となりました。

あいまいな位置づけの「GHQ覚書」や「マッカーサー・ライン」の存在。サ条約での無記載。しかも同条約を結んだサンフランシスコ講和会議に韓国は招待されていないという事実。そして条約発効直前の李承晩ライン設定。さらにいえばこの時点で日韓に国交はないこと……。

複雑な要素を抱えつつ、日韓は話し合いを続けては決裂を続けます。その一応の決着が1965年の**日韓基本条約**締結で、外交関係が樹立されました。また、それと同時に結ばれた日韓漁業協定で「李承晩ライン」も廃止され、一応の解決を見たのです。

ただし竹島問題自体は両国の主張が平行線で決着がつきません。あまりにももめるので、当時の韓国中央情報部部長であった金鍾泌《キムジョンピル》元首相が、「竹島爆破論」を唱えたとのうわさまで出る始末です（本人は否定しています）。

●現在の竹島の姿

1954年以来、竹島は韓国が警備隊を常駐させており「住民」もいます。しかしいささか無理やり駐在、生活しているように日本側からは思えるのも事実。おそらく日韓のいさかいさえなければ無人島に戻るでしょう。

解決する最も有力な方法として、日本は国際司法裁判所への付託（判断を委ねること）を考えています。ただ付託は日韓両国の合意が必要（70ページ参照）で、韓国側が応じないので裁判自体が始められません。

韓国側が応じないのは、おそらく「わが国の領土に決まっている独島（竹島）を、領土問題（つまり日韓どちらのものかわからないという問題）として裁判にかけること自体がおかしい」という発想からでしょう。

5

ロシアとの北方領土問題

大国の思惑に振り回されてきた経緯

KNOWLEDGE OF INTERNATIONAL RELATIONS

日本とロシアとの間には**北方領土問題**があります。**南千島4島（択捉《えとろふ》島、国後《くなしり》島、色丹《しこたん》島、歯舞《はぼまい》群島）の帰属問題**です。あわせて千葉県ほどの広さで、住民もいます。

まず日本側の主な言い分から見ていきましょう。

・ロシア（1922～91年はソ連）との国境交渉は1854年の日露和親条約締結以来、樺太千島交換条約、ポーツマス条約などのすべてで、南千島4島は日本領に止まる「固有の領土」である

・アメリカとイギリス、ソ連で交わされ、「千島列島がソヴィエト連邦に引き渡されること」とした1945年のヤルタ協定は、秘密協定だから認められない

・1951年のサンフランシスコ講和条約では、日本は確かに「千島列島を放棄する」と

約束した。とはいえ条約は千島列島をソ連領と認めてもいないし、何といっても同条約にソ連は調印していないといったところです。

次にロシア側の言い分です。

- ヤルタ協定は確かに密約であるものの、敗戦後に日本を占領する米英首脳との約束であるから有効だ
- 1956年の日ソ共同宣言で、4島のうち2島（色丹、歯舞群島）は平和条約締結を結べば「引き渡す」と約束したにもかかわらず、日本から誠実な回答がないという感じです。

●北方領土問題を理解するためのキーワード

ここで出てきたさまざまな固有名詞のうち、キーワードになりそうな部分を検討してみましょう。

①ヤルタ協定は有効か否か

ヤルタ協定は、1945年2月にアメリカ、イギリス、ソ連の首脳が協議して締結されました。「千島列島はソヴィエト連邦に引き渡されること」と明記され、交換条件としてアメリカとイギリスは、ソ連と戦っていたドイツが降伏してから2〜3ヵ月後に、「日本国に対する戦争に参加すべき」としました。日本は知らなかった秘密協定です。

なぜ秘密にしたかというと、日本とソ連が当時**日ソ中立条約**を結んでいたためです。この条約の2条では、日本かソ連のどちらかが他国の軍事行動の対象となった場合、その紛争の全期間で中立を守ると定めていました。

条約は、1941年4月に調印され、有効期限は5年とされたので、日本の敗戦時(1945年)は期間内です。日本は「他国」すなわちアメリカやイギリスなどと戦争をしていたので、軍事行動の対象であるのは明らかであり、ソ連はこの戦いで中立でなくてはなりませんでした。

しかし、ソ連はこの秘密協定に合わせて、ドイツ降伏の5月8日からほぼ3ヵ月後の8月9日午前0時に対日参戦しました。以後9月5日までに現在の北方領土を支配下に入れます。

北方領土の地図

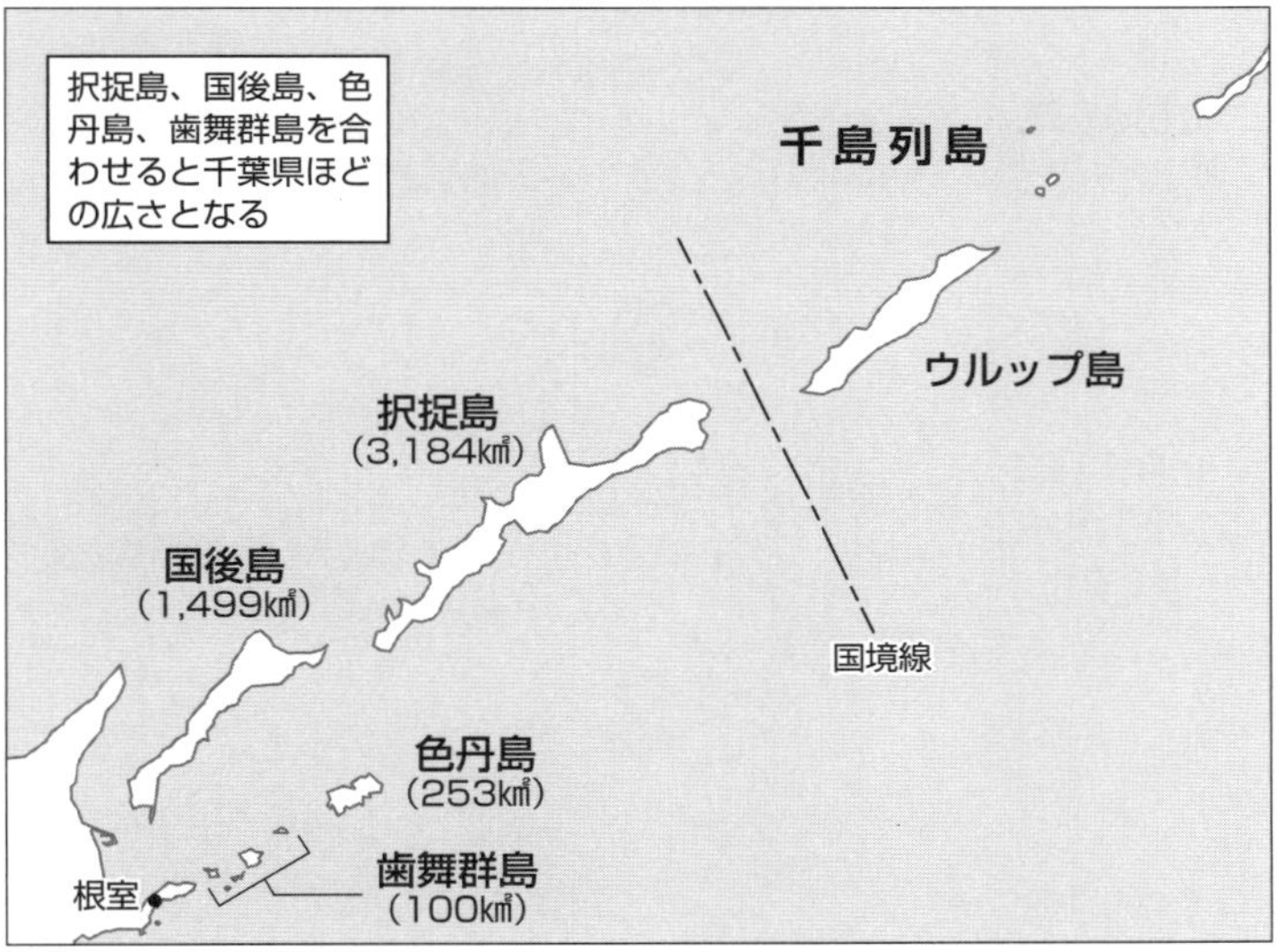

②サンフランシスコ講和条約のソ連の振る舞いをどう判断するか

サンフランシスコ講和条約（サ条約）は2条で「日本国は、千島列島並びに……樺太の一部及びこれに近接する諸島に対するすべての権利、権原《けんげん》及び請求権を放棄する」とあります。

この「千島列島」の範囲について、当時の政府は「国後、択捉は含まれる」と国会で説明しました。地図を広げてみても、この2島だけがサ条約の「千島列島」でないとする論法はいかにも苦しい。よって**条約を素直に読めば、4島のうち少なくとも国後島と択捉島は「放棄する」べき千島列島でしょう。**

ところが**前述のようにソ連は講和会議には参加したものの無効を訴え、条約に調印しま**

北方領土問題の経緯

1945年 ヤルタ協定
- 英米とソ連で結ばれた秘密協定
- 英米がドイツ降伏後にソ連の対日参戦を促す
- 参戦の見返りに、「千島列島はソ連に引き渡される」とする

↓

1951年 サンフランシスコ講和条約
- 日本は「千島列島」を放棄するとした
- ただし北方領土を支配していたソ連は調印せず

↓

1956年 日ソ共同宣言
- アメリカが日本に、択捉島、国後島、歯舞群島、色丹島の４島の返還をソ連に求めるよう、主張
- ソ連は4島返還を認めず、共同宣言では、平和条約締結後に歯舞諸島、色丹島を返還すると合意する

せんでした。よって対ソ連に関しては、サ条約の決まりではなく、二国間交渉でどうするかを定めなければならなくなります。

③日ソ共同宣言をどう解釈するか

1956年の**日ソ共同宣言**で、日ソ間は戦争状態を終えて国交を回復しました。当時の鳩山一郎政権は色丹、歯舞群島だけの2島返還で決着させようとの意図があったと、史料からは垣間見えます。

ところが**「4島返還を主張せよ」とアメリカが訴えてきました。**そうしないと日本が強く望んでいる沖縄の返還（当時はアメリカの支配下）には応じ

ない、と。

ヤルタ協定の際にはソ連に千島を渡すとし、日ソ国交正常化交渉ではソ連に4島返還を要求せよ、というメチャクチャぶりです。この頃は「米ソ冷戦」の色彩が強まっていて、ソ連と日本が接近するのをアメリカは快く思わなかったのでしょう。

結局、正常化交渉で日本は4島返還を要求します。しかしソ連が飲むはずはありません。日ソ共同宣言には9項で、ソ連は「歯舞群島及び色丹島」は日ソ間での「平和条約が締結された後に」「引き渡す」と玉虫色の合意になりました。

その後、ソ連が「領土問題は存在しない」と、9項を否定するような姿勢に転じたこともあって行き詰まりが続きます。

ソ連邦崩壊後のロシアとの間で、領土問題が前進するかと期待する機運もなくはなかったのですが、現在もうまくいっていません。

6 尖閣諸島をめぐる日中のイザコザ

領土問題化を狙う中国の思惑

KNOWLEDGE OF INTERNATIONAL RELATIONS

日本政府の公式見解は、**尖閣諸島**に「解決すべき領有権の問題は存在しない」です。したがって政府の立場を支持するならば、尖閣諸島をめぐる日中間のイザコザは「領土問題」ではありません。海の警察でもある海上保安庁が島の周辺を警備するなど、日本が支配している点も竹島や北方領土と異なります。

尖閣諸島は、山梨県の河口湖とほぼ同じ面積の無人島で、沖縄県石垣市に属します。**日本が「領土である」とする根拠は、19世紀末に日本人の探検が行われ、1895年1月に沖縄県に編入されたから**です。その際、清（当時中国大陸にあった帝国）の支配下にないと慎重に確認した上で、編入の閣議決定をしました。

沖縄は、太平洋戦争末期に米軍に占領され、戦後もアメリカの施政権下に置かれました。**1972年に沖縄が返還された時に、沖縄県の一部である尖閣諸島も当然、日本へ戻って**

きたと、一貫して日本は主張しています。

イザコザの発端は、1968年の調査で、同島周辺に大量の埋蔵地下資源が確認されてからです。**中国は、沖縄返還前年の71年に、領有権を主張する声明を出しました。**

●日中の国交回復と尖閣諸島

1972年に、日中で戦争状態を終わらせ国交を樹立した声明**（日中共同声明）**が出されるも、尖閣の文字は1つもありません。

この交渉は日本の田中角栄首相と中国の周恩来《しゅうおんらい》首相の間で行われました。関係者の話を総合すると、田中首相の側から「尖閣諸島についてどう思うか」と切り出し、周首相が「今回は話したくない」と答えた模様です。

国際法上の正規の条約である1978年の**日中平和友好条約**にも、「尖閣」の文字はありません。ただ条約交渉中に、最高指導者の鄧小平《とうしょうへい》が、「次の世代」に委ねようと「棚上げ」論を提案しました。しかし日本は同意していません。

なお中国は、1992年に制定した領海法で、「尖閣諸島は中国の領土である」と明記し、強硬な姿勢へ転じました。

中国側の言い分は、日本が編入した1895年1月が、日清戦争の真っ最中であったと

尖閣諸島とその周辺

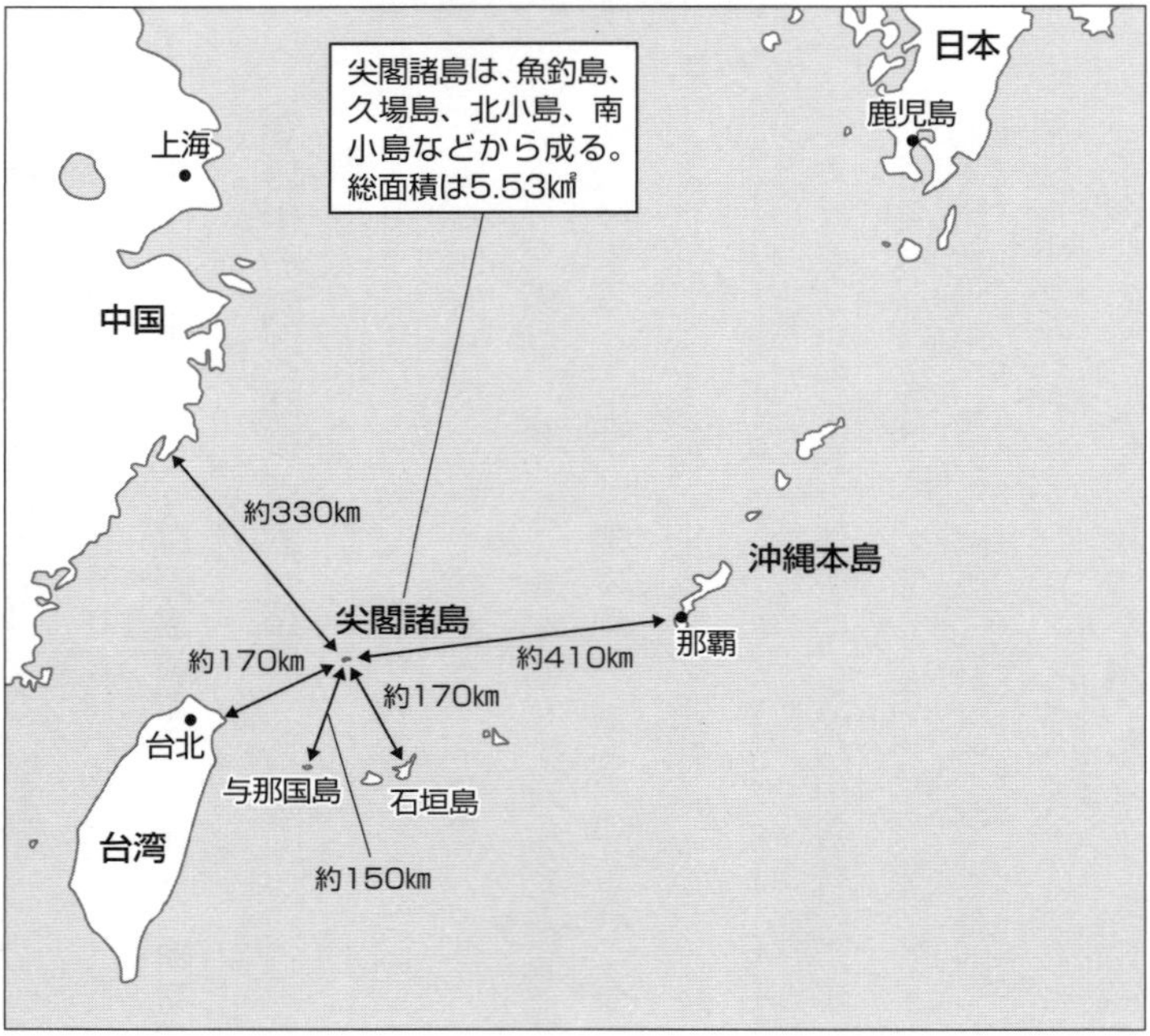

ころから始まります。尖閣諸島は戦闘中にかすめ取られた、というわけです。

日清戦争は清の敗北に終わり、1895年4月に調印された下関条約で、清は日本へ台湾の割譲を認めました。具体的には「台湾全島及其ノ附属諸島嶼《とうしょ》」という表記です。

さてこの「附属諸島嶼」に尖閣は含まれるか。日本政府の立場は「含まれない」です。理由は、尖閣諸島を編入した閣議決定が、下関条約の調印より前だから。またそれ以外にも、尖閣諸島は、割譲を受けた台湾総督府の管轄区域としてではなく、一貫して沖縄県の一部として扱ってきたこと、なども理由として挙げています。

1945年に、日本が受諾して終戦となったポツダム宣言には、カイロ宣言の条項を履行せよ、とあります。そのカイロ宣言には、「日本国カ清国人ヨリ盗取シタル一切ノ地域ヲ中華民国ニ返還スルコト」と決められています。中国側は、「この時点で尖閣諸島も返還された」と主張しています。

●尖閣諸島に対するアメリカの態度

こうした経緯から、帰属問題を解決する切り札は、**日本への返還まで沖縄を統治していたアメリカが、沖縄の範囲に尖閣諸島が含まれていたかどうかを明言してくれること**です。

しかしアメリカは、この問題に対しては日中どちらの主権であるともいわない「中立」の立場を崩していません。実は、尖閣諸島のうち2島には、在日米軍射爆撃場があるにもかかわらず……。

なぜアメリカは、同盟国の日本の意見を代弁してくれないのでしょうか。

まず、**領土にかかわるイザコザは2国間で話し合うのが第一で、外国がとやかくいうと**

面倒を抱え込むという原則があります。

ややうがった見方をすれば、日中間が尖閣諸島レベルの問題でいがみ合っていてくれたほうが、アメリカにとってありがたいという側面もありそうです。現に尖閣諸島の南方にある南シナ海では、中国は広い範囲の領有権を主張し、アメリカは不快感を示しています。中国の太平洋地域への進出を、近年のアメリカは相当警戒しているわけです。

一方で、米中の経済関係は深化の一途をたどり、欠かせないパートナーでもあるため、尖閣問題で米軍が動いて大騒動になるのも嫌なはずです。といって日米安全保障条約がある以上、あまり日本に冷たく当たるわけにもいきません。結果として「中立」を決め込んでいるようです。

現在、**中国は、日本には「尖閣諸島をめぐる領有権問題がある」と認めるよう、要望しています。つまり「領土問題」としたいのです。**

7 中国が世界ナンバー2の大国になった道のり

「改革開放」後の急激な発展

KNOWLEDGE OF INTERNATIONAL RELATIONS

先の大戦で日本軍と戦った中国側の相手は、当時の中国の正統政権とされた、**国民党**による国民政府で、トップは蒋介石《しょうかいせき》でした。国号は**中華民国**。1941年の日米開戦後は、米英ソなどによる連合国共同宣言（144ページ参照）に蒋が署名します。これが中国を大戦における戦勝国とする有力な根拠となっています。

国民政府にとって、国内では敵対関係にあったのが毛沢東《もうたくとう》を中心とする**共産党**でした。しかし両者は、日中戦争で国民政府主導による「抗日民族統一戦線」で折り合い、ともに日本と戦いました。

●中国共産党の勝利

1945年に日本が敗北して戦争が終わると、国民党と共産党の争いが再燃します。**内戦に陥った結果、共産党が勝利し、1949年に中華人民共和国を建国します。**蒋介石らは台湾に逃れました。以後、共産主義に舵を切って、毛沢東国家主席と周恩来首相のペアが国家運営に携わります。

その間、1958年から始めた経済成長戦略**大躍進**の大失敗で、多くの国民を餓死させ、毛沢東は国家主席の座から退きます。しかし、共産党トップ（中央委員会主席）には留まったまま、権力奪回のために1966年からは若者を中心とした大衆運動、**文化大革命**を仕掛けて、多くの幹部や知識人を追放しました。文化大革命は約10年に及びます。このように毛・周体制は経済的には停滞した時代でした。

1976年に2人とも他界した後、78年から強力な指導者として君臨したのが鄧小平《とうしょうへい》です。軍のトップに就いてにらみを利かせました。

鄧は、文化大革命で打倒される側にいた人物でした。指導者となってからは市場経済を取り入れる**改革開放路線**を敷き、「皆が平等」をうたうゴリゴリの共産主義から、「先に豊かになった者が、そうでない者を助ければいい」という方針に改めました。

1980年代に入ると10％以上の経済成長が当たり前となりますが、89年に起きた民主化勢力を弾圧する**天安門事件**でガクッと落ち込みます。

しかし、それもつかの間で、鄧に見出された江沢民《こうたくみん》氏が、1990年代に推し進めた社会主義市場経済政策で、再び8％から10％程度の経済成長を成し遂げます。豊富で安価な労働力を背景に外資を呼び込み、「世界の工場」として機能していきました。

●21世紀に入ってからの中国

21世紀に入ってからも、中国の成長は衰えません。特に2008年のリーマン・ショックで、先進国がそろってマイナス成長に陥る中、中国は堅調な伸びを維持して世界を引っ張るまでになりました。

改革開放路線が始まった1980年代初頭から21世紀に入るまで、名目GDPで中国は日本の3分の1から4分の1程度でした。それがついに2010年に逆転され、日本はアメリカに次ぐ2位の座を明け渡しました。その後も差は広がるばかりで、今や日本の2倍を超えています。

8

中国の指導者はどう決まる？

共産党トップが、国家と軍のトップも兼ねる

KNOWLEDGE OF INTERNATIONAL RELATIONS

前の項で述べたように、1949年の建国から、両者が亡くなる76年まで、「建国の父」である毛沢東主席と周恩来首相のコンビでトップを形成してきました。その後「最高指導者」と呼ばれた鄧小平は、主として共産党中央軍事委員会主席の地位で国家運営に当たっていいます。

現在では、中国のトップは共産党序列1位の「中央委員会総書記」（1982年までは「主席」の呼称）、国家元首である「国家主席」、および軍トップの「中央軍事委員会主席」、の3つを兼ねています。このような形式になったのは江沢民氏からです。彼を抜擢した鄧が作り上げたシステムといえましょう。

中国は共産党の一党支配なので、権力の交代がある場合、まず共産党トップの総書記から選びます。

中国共産党の序列

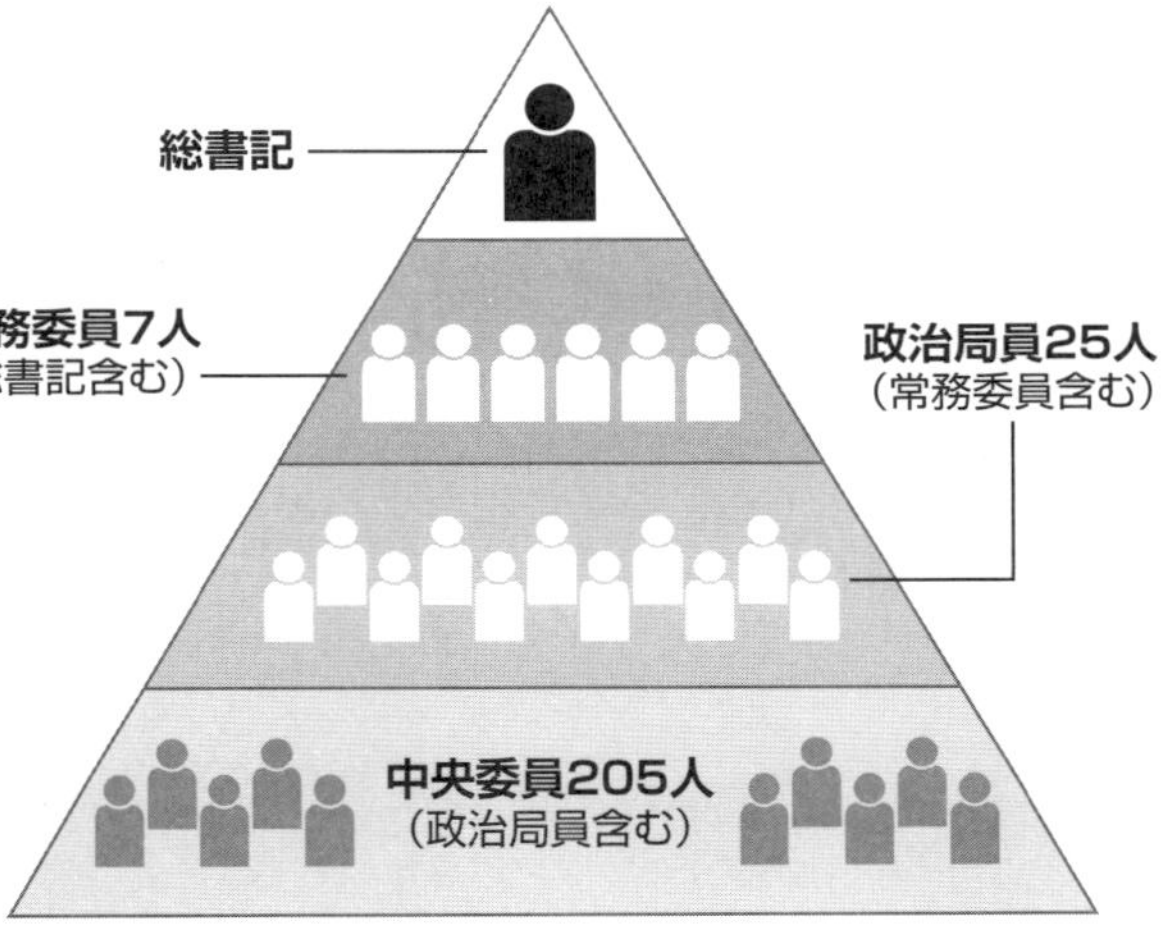

共産党の最高機関は中国共産党全国代表大会（党大会）ですが、5年に一度しか開かれません。そこで党大会で中央委員（205人）を選び、年に1回は中央委員会を開きます。さらに委員のうち25人が政治局員で、毎月のように会議をしています。その中から原則7人の常務委員が選ばれ、日常的に話し合っては政策を実施します。7人のうち序列1位が総書記です（上の図表を参照）。

中華人民共和国という国家の最高機関が、**全国人民代表大会（全人代）**で、年に1回開催されます。全人代では、**新たな総書記が誕生すると、国家主席に、党序列2位を首相に選出するのが習わしです。名目上「党」と「国」に分けていても、実態としては共産党の追認機関です。**江沢民氏以降の指導者は、国家主席の1期5年の任期を二度、計10年務めています。

●指導者になる人材の供給源

主要な指導者になった者の経歴を探ると、2つの大きな潮流があることがわかります。

1つは**中国共産主義青年団（共青団）**です。難関大学を突破するなど優秀な頭脳を持つエリート幹部候補生を選抜して育てていきます。共青団からは、2003年から2013年まで国家主席を務めた胡錦濤《こきんとう》氏や、李克強《りこくきょう》首相を輩出しています。

もう1つは**太子党**《たいしとう》で、共産党高級幹部の子弟達です。習近平《しゅうきんぺい》国家主席が代表格です。1953年生まれの習主席の父は、習仲勲《しゅうちゅうくん》元副首相（1913～2002年）です。仲勲は中華人民共和国建国までの日中戦争や内戦を戦いました。こうした、戦争で貢献した経歴がある人の子は、太子党の中でも**紅二代**《こうにだい》と呼ばれます。

もっとも太子党という組織があるわけではなく、単に「親が偉かった」者を指している言葉に過ぎないともいえます。

●「一国二制度」の実態とは？

なお、香港は1997年にイギリスから、マカオは99年にポルトガルから、それぞれ中国へ返還されました。香港が返還される際、中国は高度な自治と培ってきた資本主義体制を認め、50年間その体制を変えないとしました。これを**一国二制度**といいます。そのため香港とマカオは**特別行政区**とされ、憲法に当たる特別行政区基本法の下で運営されています。

香港とマカオのトップは**行政長官**です。

香港の今のトップの選び方は、1200人いる選挙委員会の8分の1の推薦を得ると行政長官に立候補でき、投票も1200人の選挙委員会のみで行われます。選挙委員会は各種団体から選出されます。要するに経済界や全人代香港代表、エリート層などで、中国政府にとって都合のいい者が圧倒的多数を占めます。

候補はこれまで、一種の「あうんの呼吸」で決まっていました。イギリスでの留学体験や、植民地時代の官僚といった、「非中国的」な要素を持ちながらも、本質的には親中派である人物が選ばれてきたのです。

2015年6月、香港政府のトップである行政長官選挙の方法を変える法案が、議会で否決されました。可決に必要な3分の2を得られなかったのです。成立すれば17年の選挙から適用される予定でした。

否決された新選挙制度は、選挙委員会を指名委員会に変更し、(人数は1200人のまま)、長官に立候補するために必要な委員の推薦も、委員会全体の8分の1から10分の1へと緩めました。ただし、さらに委員会の過半数の同意が必要となります。

その上で約500万人の香港市民(18歳以上)の投票によって長官を決めるといった内容で、立候補の要件緩和もあり、何といっても普通選挙に移行できるわけで、「前進」するはずでした。

ところがこれに「民主派」と呼ばれる勢力が反発します。西欧やアメリカ、日本のように、一定の支持があれば誰でも立候補できるようにすべきだと主張しました。改革案だと委員の過半数の同意が必要で、結局は現行と同じく親中派しか候補者になれないと踏んだからです。

確かに新設される指名委員会は選挙委員会の横すべりと見られるので、親中派で占められるのが確実です。また、推薦を得る要件が多少緩和されても、「委員会の過半数の同意」という条件がそれを帳消しにするどころか、むしろ厳しくしています。

9 近隣諸国との歴史問題
もめる靖国神社と従軍慰安婦

日本と近隣の中国、韓国との歴史問題で代表的なものは、靖国神社と従軍慰安婦をめぐるものでしょう。それぞれのポイントについて、見てみましょう。

KNOWLEDGE OF INTERNATIONAL RELATIONS

●靖国神社問題の概要

靖国神社は、東京都千代田区にあり、戊辰《ぼしん》戦争（１８６８～69年）以来の内戦および対外戦争での戦死者を祀《まつ》っています。「神社」なので墓はありません。

問題はこの神社に「A級戦犯」も祀られている点です。日本が受諾して終戦に至ったポツダム宣言には、「戦争犯罪人ニ対シテハ、厳重ナル処罰ヲ加ヘラルヘシ」とあります。

A級戦犯とは、１９４６年から48年まで行われた極東国際軍事裁判（東京裁判）で、侵略戦争の計画から実行までにかかわった**「平和に対する罪」**によって有罪判決を受けた、政治家や軍トップなどの指導層です。

靖国神社は「戦死者を英霊として祀る顕彰施設」。ところがA級戦犯は戦死者ではありません。いうまでもなく東京裁判は戦後に開かれているので、先の大戦で戦死しているはずがないのです。

1952年のサンフランシスコ講和条約発効で日本が独立を回復すると、刑の執行などで亡くなったA級戦犯を広い意味での戦死者とみなし、「昭和殉難者」として扱うようになりました。そして78年に合祀（合わせて祀る）したのです。

現職の首相や重要閣僚が靖国参拝するというのは、中国などからすると先の大戦の指導者として裁かれた者へ日本のトップがこうべをたれるという図に他ならず、「反省していない」と映るようです。一方で、参拝する側はA級戦犯云々ではなく、日本のために戦死した尊い命に敬意を払うのは当然と考えます。

●従軍慰安婦問題の概要

次に、主に韓国との間で問題となっている**従軍慰安婦**についてです。

主に1937年の日中戦争勃発後から1945年の終戦までの期間、日本軍が利用した慰安所において、男性兵士の性の対象となった朝鮮半島の女性（慰安婦）がいました。その中には、本人の意思を無視して強制的に従事させられた人も存在しました。

論点をまとめると、
①慰安所↓あった
②慰安婦↓いた
③慰安婦になった韓国の女性↓いた
④本人の意に反して慰安婦にさせられた韓国の女性↓いたであろう。いないと考えるのが困難
⑤日本の指導部（軍幹部など）の命で、意に反して慰安婦にさせられた韓国の女性↓「命」が書かれた文書などが見つからない

といったところとなるでしょう。

今の常識で考えると、本人の意思云々にかかわりなく、慰安所の存在自体が大問題といえます。また、女衒《ぜげん》（売春業者）などにだまされて、慰安婦にさせられた韓国女性は、本当に気の毒だと思います。

ただ、**国家の明確な意図や命令で強制連行したかどうかとなると、証拠がありません**。それも当然で、指導部があからさまに文書などで「慰安婦を強制的に徴収せよ」と愚の骨頂な指示をするはずがなく、仮にしたとしても敗戦間際に書類を処分したでしょう。

この件に関して重要なのは1993年の河野洋平内閣官房長官の談話**（河野談話）**です。談話の一部を引用してみましょう。

慰安所は、当時の軍当局の要請により設営されたものであり、慰安所の設置、管理及び慰安婦の移送については、旧日本軍が直接あるいは間接にこれに関与した。慰安婦の募集については、軍の要請を受けた業者が主としてこれに当たったが、その場合も、甘言、強圧による等、本人たちの意思に反して集められた事例が数多くあり、更に、官憲等が直接これに加担したこともあったことが明らかになった。また、慰安所における生活は、強制的な状況の下での痛ましいものであった。

なお、戦地に移送された慰安婦の出身地については、日本を別とすれば、朝鮮半島が大きな比重を占めていたが、当時の朝鮮半島はわが国の統治下にあり、その募集、移送、管理等も、甘言、強圧による等、総じて本人たちの意思に反して行われた。

いずれにしても、本件は、当時の軍の関与の下に、多数の女性の名誉と尊厳を深く傷つけた問題である。政府は、この機会に、改めて、その出身地のいかんを問わず、いわゆる従軍慰安婦として数多の苦痛を経験され、心身にわたり癒しがたい傷を負われたすべての方々に対し心からお詫びと反省の気持ちを申し上げる。

河野談話では、先に示したポイントのうち、議論のある④、⑤についてもほぼ認めています。その上で「心からお詫びと反省の気持ちを申し上げる」と謝罪しました。

河野談話に対しては、特に⑤まで事実上認めているのはおかしいと、強烈な批判が国内にあります。また、一人の国務大臣の意思表明にすぎず、閣議決定もされていません。ただこれを以後の内閣は踏襲しており、見直しに意欲的だった安倍晋三首相も変更には乗り出しませんでした。

２０１５年、日韓外相会談で従軍慰安婦問題を「最終的かつ不可逆的に解決」する合意がなされました。「解決」の方法は、韓国政府が財団を新設して、その財団に日本政府が10億円程度を出して、両政府で元慰安婦を支援する、というものです。

●歴史問題をどうとらえるか

さて、日本国内では、とくに従軍慰安婦問題について、日本が謝罪すべきだという見方に対して、若い世代が中心になって激しく反発しています。少なくとも戦後生まれに、先の大戦への直接の加害責任はないはずですから。

他の旧植民地と旧宗主国との関係はどうなのでしょうか。

例えばイギリスのキャメロン首相は、インドで起きた、英国軍による無差別発砲によって数百人が死亡した「アムリトサルの虐殺」（1919年）の現場に、2013年に訪問しました。この時首相は、「遺憾の意」を表明しましたが、謝罪はしていません。

また、フランスのオランド大統領も、2012年に植民地であったアルジェリアを訪問した際、「多くの苦痛をもたらした記憶を尊重する義務がある」と述べましたが、同じく謝罪はしませんでした。

2つの国の元首の姿勢は、自分たちが生まれた以前の出来事に対しての謝罪はしようがなく、できるのは「起きたことについて敬意と理解を示す」ことだ、という姿勢です。

イギリスやフランスと日本とでは、国情も異なるので一概にはいえませんが、このような歴史問題のとらえ方、考え方も存在します。

10

北朝鮮の拉致問題

政府認定の被害者以外にも多数存在する可能性も

KNOWLEDGE OF INTERNATIONAL RELATIONS

北朝鮮による日本人の拉致は、大半が1970年代後半から80年代前半にかけて起きました。

2002年の小泉純一郎首相と北朝鮮最高指導者の金正日《キムジョンイル》総書記との日朝首脳会談で、金総書記が拉致を認めて謝罪します。ただ「一部の英雄主義者、冒険主義者」が実行した、としか述べていないので、全容は不明です。韓国への北朝鮮工作員に対する日本語教育や、日本人のパスポートを得ることなどが、拉致の目的として推測されています。

北朝鮮と韓国は、1950年に始まった朝鮮戦争で、100万人以上の死者を出した末、韓国を支援したアメリカ中心の多国籍軍と、北朝鮮および事実上北を支援した中国との間で、53年7月に休戦協定が調印されました。

ただし韓国はこの協定に署名していませんし、北朝鮮と韓国の間では平和協定も結ばれていないので、**法的には南北朝鮮は戦争状態のままです**。北朝鮮は停戦の日を「戦勝節」

などと呼んで誇っています。しかし、武力による南北統一が果たせず、戦争状態が終わっていない状態に、北朝鮮は相当な焦りを覚えて現在に至っています。

その後、北朝鮮は韓国に破壊工作員やスパイを送り込んだりした模様です。当然、韓国は警戒して取り締まりを強化しました。

その韓国と日本は、1965年に国交を回復しました。日本は高度成長により1968年からは国民総生産（GNP）がアメリカに次ぐ世界第2位となり、ビザを必要とせずパスポートだけで韓国への出入国が許される経済大国となります。

日本のパスポートを取得し、国交のある韓国への入国を「日本人」になりすましてできるようにするため、またそれに備えた語学・日本人化教員として日本人のニーズが高まり、北朝鮮が連れ去りを始めたという説が有力です。

政府認定の拉致被害者は、12件の拉致事件での17人です。このうち5人は、2002年に帰国しました。

また、政府認定の拉致被害者とは別に、民間団体の特定失踪者問題調査会によって確認され、北朝鮮による拉致の可能性が捨てきれないとされる、**特定失踪者**もいます。

特定失踪者はおよそ470人とされ、うち77人は失踪した際の状況などから判断して「拉致の疑いが濃厚」と見なされています。政府認定の拉致被害者は含まれません。

●拉致事件が起きた当時の状況

２００２年に帰国した拉致被害者のうち、曽我ひとみさんは北朝鮮に拉致されていたという認識が日本側にありませんでした。このように失踪扱いになっているものの、実際には拉致されていたケースがあることがわかったので、特定失踪者の安否確認も急がれています。

拉致が盛んに行われた１９７０年代後半から80年代前半、身内が突然どこにいるかわからなくなって驚いた家族などから、警察に失踪届けが相次いで出されました。

しかし警察は基本的に事件性のある事案で動くので、そうであるかわからないものについては、捜査はしたくてもできない状況もありました。何しろこつ然と消えて足取りは追えず、身代金要求などもなく、ましてや捜査権限の及ばない外国にさらわれているとは当初、夢にも思わなかったのです。

それでも１９８０年代後半から北朝鮮の拉致説がハッキリと出てきて、「拉致疑惑」として少しずつ浸透していきました。しかし、今世紀に入るまで、国会で真剣に問題を継続的に追及したとは言い難い状況が続きます。日朝間に国交がなく、調べようもなかった面もありました。

政府や自民党は時々耳を傾けたものの、もし拉致されたとなれば、海の警察でもある海上保安庁の失態がぬぐいがたく、及び腰になっていたのです。

さらに、北朝鮮が敗戦まで日本の植民地下にあったというデリケートな歴史問題もあります。北朝鮮との国交正常化が歴代内閣の大きな課題となっていて、拉致はそれを根底から覆す混乱を招きかねないテーマなので、消極的だったといった理由が考えられます。

野党も、長らく第一党であった日本社会党が、北朝鮮の朝鮮労働党と懇意にしていたとの背景から、期待できませんでした。日本社会党などの革新勢力には、「北朝鮮がそんな悪さをするはずがない」と頭から信じている人も大勢いたのです。

●北朝鮮が拉致を認める

2002年1月、アメリカのブッシュ大統領が北朝鮮を「悪の枢軸」と名指しで批判し、北朝鮮は恐怖にかられました。それも一因となって同年、日朝首脳会談が行われ、**金正日総書記が拉致を認める代わりに、国交正常化交渉などを約束した日朝平壌宣言が出されました。** ただし拉致被害者の状況については「5人生存、8人死亡」とし、日本の世論が沸騰します。

2004年の小泉首相の再訪朝によって北朝鮮が作った調査委員会は、同年の日朝実務者協議で、8人の死亡確認書を「すべて後であわてて作った」と、あっさりでっち上げを認めます。それでも8人死亡との結論は変えず現在に至っているのです。

北朝鮮からすれば、拉致を認めれば日本との関係がよくなるとの思惑がまったく外れ、むしろ硬化したのは計算外だったのでしょう。以後、北朝鮮は「拉致問題は解決済み」との姿勢へと転じています。

11

日本と欧米諸国

明治以降、さまざまなしくみを取り入れてきた

KNOWLEDGE OF INTERNATIONAL RELATIONS

1853年、ペリー・アメリカ東インド艦隊司令長官が日本に来航して、アメリカ大統領フィルモアの親書を渡して江戸幕府に開国を迫ります。翌年の再来で、**日米和親条約**（神奈川条約）を締結し、下田と箱館（今の函館）を開港しました。

外国との貿易に関しては、1858年の**日米修好通商条約**締結でスタート。オランダ・ロシア・イギリス・フランスとも同様の条約を結び**安政の五ヵ国条約**といわれます。

この際に、関税は日本に決定権がなく相互に協定して決めるという条項（**協定関税**）と、外国人居留地内での領事裁判権（**治外法権**）を認めるという2点が、不平等条約と見なされ、明治以降の外交で最大の懸案となりました。

明治政府は、「開国和親」を外交方針に掲げ、当時世界のワンツーの位置を占めていたイギリスとフランスをはじめ、南北戦争後のアメリカ、普仏戦争（1870～71年）の勝

利で意気上がる新興ドイツなどの国から、さまざまなことを学びました。
フランスからは、１８７３年の**徴兵令**や、最初の**官営模範工場**（産業を興すために造られた工場）である群馬県の富岡製糸場設立（72年）のノウハウ、近代国民教育制度である**学制**（72年）などを取り入れた他、法律顧問としてボアソナードを招いて、刑法や民法の制定にこぎ着けました。

イギリスとは新橋・横浜間の鉄道開設資金として外国債を引き受けてもらったり、不平等条約解消（治外法権の撤廃）につながった**日英通商航海条約**（１８９４年）の調印、主にロシアとの対抗を目的とした**日英同盟**（１９０２年）締結と、関係を深めていきます。日露戦争の戦費も、イギリスからの外国債でかなりをまかないました。

憲法はドイツからです。１８８２年、伊藤博文らがヨーロッパ各国の憲法調査に派遣された際に、ウィーン大学のドイツ人教授であったシュタインやベルリン大学のグナイストといった憲法学の泰斗《たいと》から講義を受け、草案作成にはドイツ人のロエスレル顧問が助言しました。できあがったのが**大日本帝国憲法**です。なおロエスレル顧問は商法の作成にも携わっています。

一方アメリカとは、１９０５年に結ばれた日露戦争の講和条約であるポーツマス条約を、セオドア・ルーズベルト大統領があっせんしてくれた時期までは関係が良好でした。しかし日本が中国大陸に野心を見せはじめると、アメリカは日本への警戒を強めていきます。

経済の面からとらえても、中国市場の問題が日本外交を複雑にしています。開国以来の主要産業であった生糸《きいと》の主な輸出先は、アメリカでした。また、綿糸《めんし》はもと輸入品でしたが、国をあげての紡績業振興が実って、原料の綿花を中国、インド（イギリス植民地）、アメリカから輸入して、製品の綿糸を中国や朝鮮へ輸出する貿易スタイルが整い、1897年に輸出が輸入を上回ります。

ただ中国市場はイギリス、アメリカと対抗する場でもありました。つまり**英米は貿易上のライバルであると同時にお得意様でもある、という関係だったのです**。

したがって、武力的侵略を避けて米英と協調し、経済的進出に重点を置く**協調外交**が、日本の主流となりました。

1914年に**第一次世界大戦**が始まると、日本は日英同盟を名目にして連合国側（イギリス、フランス、ロシア側）として参戦します。そして、敵国ドイツが中国に持つ山東半島の利権と、ドイツ領であった太平洋上の南洋諸島を占領しました。

大戦終了後の1920年、日本は新設された国際連盟の常任理事国となります。しかし、1929年、アメリカを震源とする世界恐慌が起こり、日本もアメリカへの生糸の輸出激減にともなう、原料となる繭《まゆ》の価格の暴落など、手痛い打撃を受けました。さらに31年の満州事変以降、アメリカとイギリスは日本の中国権益拡大に強い懸念を示すようになったのです。

1937年から始まった日中戦争で、蒋介石率いる国民政府は、アメリカ、イギリス、ソ連などから援助されて抗戦し、泥沼化します。日本は、すでにヨーロッパで戦争を始めていたドイツにイタリアを加えた**三国同盟**を締結し、協調外交は完全に破綻します。その後は日米開戦、そして敗戦への道をたどっていくのです。

戦後は、連合国軍の占領を経て、アメリカとの同盟関係を安全保障政策の軸としつつ、各国との平和主義に基づく外交政策へと切り替えました。イギリスとフランスとはサンフランシスコ講和条約で仲直りし、日本と同じ敗戦国のドイツ（当時は西ドイツ）とも同条約発効の52年に国交を回復しました。

現在、日本とヨーロッパとの重大な懸案はなく、EUとの経済連携協定（EPA、174ページ参照）を模索しています。

12
日本と中東
エネルギー戦略上の重要地域

KNOWLEDGE OF INTERNATIONAL RELATIONS

１９０１年に操業が始まった九州の官営八幡製鉄所が、筑豊炭田《ちくほうたんでん》の石炭を燃料としたことからもわかるように、戦前までの日本のエネルギー政策は、石炭中心でした。

戦後もしばらくは、連合国軍最高司令官総司令部（ＧＨＱ）が、再軍国化への心配から石油産業を統制します。

１９５０年代までは筑豊炭田が、60年代には北海道石狩炭田が、日本の石炭産出量トップを競いました。２００６年に自治体の倒産状態を意味する「財政再建団体」となった夕《ゆう》張《ばり》市は、石狩《いしかり》炭田の一部を構成する夕張炭坑の中心として、かつて大いににぎわった街です。

しかし、世界的な石油供給の増加と安さで、日本でも１９６２年に石油の消費が石炭を上回り、その前後から石炭産業は傾きはじめます。59～60年の三井三池炭鉱の大量解雇問題をめぐる、約３００日の闘争は、「石炭から石油へ」のエネルギー転換がもたらした大争議でした。

●日本は石油を中東に依存している

石油に関して、日本が主に頼ったのが中東です。石油危機（47ページ参照）に懲りてからは中国、インドネシアなどに輸入国を分散し、1987年には中東への依存度を約3分の2まで落としました。しかし、中国が石油の輸出国から輸入国に転じるなどしたため、石油危機以前の依存度に戻っているのが現状です。

「中東」とは案外大ざっぱな概念で、ヨーロッパより東側のアジア一帯を指します。アラビア語が主に話され、イスラム教徒が多い国が目立ちます。サウジアラビアがしばしば「地域大国」と称されています。

他に、主にトルコ語が使われているトルコや、ペルシャ語圏のイラン、アフリカ大陸に位置するエジプト、ユダヤ教徒中心のイスラエルなどが存在しています。

日本は石油戦略上、この地域を大切にしてきました。中東の多くはイギリスやフランスにかつて植民地支配されていました。また、イスラエル建国（253ページ参照）以降はその後ろ盾となっているアメリカへの敵対心が強い半面で、親日的であるともいわれています。

13

移民と南米

多数の日本人が向かった大陸の現在の姿

KNOWLEDGE OF INTERNATIONAL RELATIONS

20世紀に入る頃、南米は「先進国」でした。

対して明治時代の日本は、今とは正反対に子どもがドンドン生まれて人口が膨れあがっていった時代です。まだ産業も未熟だったので若者が生きていく選択肢として、南米への移民は有効な選択肢でした。日本からの移民は、1880年代から南北アメリカ大陸を中心に広まりました。

サトウキビ、コーヒー、綿などの栽培と輸出で潤ったブラジルには、1908年の「笠《かさ》戸丸《とまる》」が乗せた移民からスタートし、戦前を中心に約25万人が移り、主にコーヒー農場で働きました。

アルゼンチンは、パンパと呼ばれる肥えた平原を持ち、小麦や牧畜が盛んです。フリゴリフィコ（保冷船）の運行開始以降は、ヨーロッパなどへの一大食料輸出国として栄え、1920年代までは世界有数の富裕国でしたので、数多くの移民が向かいました。

ペルーとも、1899年に第1回移民団約800人が、「佐倉丸」で同国の港について以来のお付き合いです。

しかし農業、特に特定の産品に偏った南米の輸出中心経済は、1929年から始まった世界恐慌で大きな挫折を味わいます。農産品は工業製品よりも生産が不安定になりがちな上に、単価が安いため、突然の物価暴落などに弱いのです。

農産品や地下資源に頼った経済では行き詰まるとの教訓から、第二次世界大戦後の南米諸国は工業化にも取り組みました。代表的な方法が**「輸入代替工業化」**で、**工業先進国から輸入してきた製品を国内で生産するようにして、自給していこうとの試み**でした。

しかし、今日の成功しているメーカーを観察すればわかるように、広い規模の市場を前提とした自由競争で鍛えられないと、良い製品を適切な価格で供給する能力が育ちにくいのです。不利な点を補うために国家が産業育成を保護すると、何の助けもなく多国籍に展開する企業との競争力の差がますます広がります。

他方で、補助金などを通して特定の企業が国内市場を独占するなど、競争原理が働かなくなったり、汚職や腐敗の温床にもなりかねない状態に陥りました。

●南米で高まる社会不安

このようにして輸入代替工業化が事実上失敗に終わる過程で、南米ではそれを推し進めた政権への不安、相対的に軽視された農業従事者などの不満、ますます広がる貧富差に怒る貧困層が支持する革命運動の激化、それを嫌う軍のクーデターによる軍事独裁政権の誕生など、不安定な状態が続きます。

その後、おおむね１９６０年代後半から80年代にかけて、国際市場経済への参入に舵を切る国々が増えていくと、今度は外国資本の参入や外貨の流入、国内産業の衰退、インフレーション（物価高）などを招きました。

ブラジルは１９８６年から１９９４年までの８年間に、５つの通貨を発行してインフレに対処し、１９９４年７月には「１レアル＝１ドル」の固定相場に変え、米ドルを後ろ盾にするなど苦心に苦心を重ねました。同様にアルゼンチンも91年に自国の通貨ペソをドルに固定します。

ここで一息ついて、90年代の南米経済はやや好調に転じたものの、90年代後半、アメリカのクリントン政権が外資の呼び込みを図るためにドル高政策に出てから変調します。

特効薬だったはずの固定相場も自国通貨が実力以上に評価される形となり、国際水準から考えて労働者の賃金が高くなり、アメリカとは逆に外資が逃げ出します。

固定相場では、ドル高＝自国通貨高なので輸出も減少し、少なくなる税収を補うため国債（国の借金）に依存するようになり、それが嫌われてさらに投資が減っていきます。

このような状況では、実勢に見合った通貨相場となる変動相場制へと移るべきという意見も出てきます。実際、1999年には、ブラジルが移行を決断しました。

しかし、アルゼンチンは固定相場の成功体験と、ドルを借りている企業などの反発を恐れて踏み切れず、結果として「アルゼンチンのペソは過大評価だ」と市場の信認を失いました。

さらに、積もり積もった国の借金が疑問視され、資本がさらに大流出、政府もあわてて公務員給与カットなどで対応するも暴動にまで発展した揚げ句、ついに2001年、**デフォルト**（債務不履行＝借金が返せない）に転落したのです。

●日本を目指すようになった南米の日系人

地域大国のブラジルは、その後**BRICs**（ブラジル・ロシア・インド・中国）と称される新興国の代表的存在とみなされる時期もありましたが、まだまだ不安定。アルゼンチンはいまだデフォルトの傷が癒えていません。

一方、日本は1950年代以降、経済が高度成長してGDP世界2位（現在は3位）まで向上しました。かつて南米に移民先を求めたのと逆の現象が起きたのです。

特にゆかりのある南米の日系人の間では、「日本で働く」という期待が高まります。でも日本は移民を原則認めていません。

そこで**入管法（出入国管理及び難民認定法）**を1990年に改正し、日系3世までは「定住者」として、日本人で働くことが可能になりました。日系人労働者が増加したのはここからです。

ただ、1990年の改正は、「日系人を迎え入れよう」が主眼ではなく、急増していた不法就労者を厳しく取り締まるのが目的でした。

つまり、「専門的な技術や知識を持った外国人は受け入れを広げる」「単純労働をしていた不法就労者は取り締まる」が二本柱で、その中間として、難民や日系人の「定住」を認めるという内容だったのです。

そもそも、不法就労者が増えていたのは、単純労働の担い手が不足していたため。したがって、改正で不法労働者の取り締まりが厳しくなると、必然的に定住できる日系人の多くが、単純労働を担うようになりました。

第4章

「国連」は何をしているところ？

1

国連ができた経緯

第二次世界大戦の戦勝国が軸となる

KNOWLEDGE OF INTERNATIONAL RELATIONS

第二次世界大戦は、日本やドイツを中心とする**枢軸国**と、イギリス、フランス、アメリカ、ソ連（現在のロシア）、中国といった**連合国**の間で争われました。

1941年、アメリカのフランクリン・ルーズベルト大統領とイギリスのチャーチル首相が話し合った結果、調印したのが**大西洋憲章**です。まだアメリカは戦闘に加わっていない時期です。ナチス・ドイツがヨーロッパ戦線でイギリスと戦っているさなか、枢軸国となぜ戦うのか、戦後の世界はどうするのかといった目的や構想を共有しようと試みました。

大西洋憲章は、1941年12月の日本の真珠湾攻撃で日米戦争が始まった後、翌42年1月に出された**連合国共同宣言**によって、戦後構想の原則として確認されます。この宣言は、米英に中国とソ連を加えた4ヵ国で発議され、26ヵ国が署名しました。連合国を、「United Nations」と表記するのも、この頃からです。

枢軸国の退勢が濃厚となった1944年に開かれた、**ダンバートン＝オークス会議**で、

国際連合が設立されるまで

1941年 大西洋憲章
- アメリカのフランクリン・ルーズベルト大統領とイギリスのチャーチル首相が大西洋上の軍艦で話し合って生まれた
- 「領土の不拡大」「自由貿易の拡大」など、戦後の世界の構想を共有

↓

1942年 連合国共同宣言
- 第二次世界大戦の目的を宣言し、26ヵ国によって署名
- 大西洋憲章が、戦後構想の原則として確認された

↓

1944年 ダンバートン=オークス会議
- アメリカ、イギリス、中国、ソ連の４ヵ国によって、国連憲章の基となる草案がまとめられる

↓

1945年 国連の発足
- ４月に連合国共同宣言の署名国を中心に国連憲章が採択され、10月に国連が発足
- 51ヵ国の参加でスタート

米英中ソの４ヵ国は国際連合（国連）の基となる憲章の草案をまとめます。

１９４５年４月、連合国共同宣言の署名国を中心に**国連憲章**が採択され、国連は10月に発足しました。51ヵ国でのスタートです。常設の国際機関で、本部はアメリカのニューヨークに置かれました。なお、国連の英語表記は「連合国」と同じ「United Nations」です。日本語では戦った相手を「連合国」、戦後の

国際機関を「国際連合」と使い分けています。

大本となっている大西洋憲章は、領土不拡大と不変更をうたっています。**国連は、もともが枢軸国と戦う国家連合が母体なので、最初に討議されたのは安全保障面でした。**平和を守り、紛争のタネを除くにはどうしたらいいか、という点です。

まず、戦争そのものを原則禁止とした上で、国際紛争を解決するための軍事行動まで決定できる、**安全保障理事会（安保理）**が設置されました。

また、平和であり続けるために、経済や教育、文化の発展を支えたり、根本である基本的人権の尊重を確認したりすべき、との理念から、必要な機関を設けました。**経済社会理事会**や**国連教育科学文化機関（ユネスコ）**などです。

すべての加盟国が参加する**総会**の決定で運営するのが国連の原則であるも、総会の決議に対して加盟国の政府が従う法的拘束力はありません。そのため、法的拘束力を有する安保理の決議との兼ね合いが、今でも議論となっています。

2

国際連合と国際連盟

「連盟」の反省を生かした「連合」

KNOWLEDGE OF INTERNATIONAL RELATIONS

国際連合の結成には、前身である**国際連盟**が、結成の目的である「平和のための国際機関」としての役割を、十分に果たせなかった反省が盛り込まれています。

国際連盟は、アメリカのウィルソン大統領の提唱によって1920年に設立されました。第一次世界大戦の悲劇を二度と繰り返さないためです。ところが、当のアメリカの議会が批准せず加わらないという波乱のスタートとなります。

また、設立段階で、ソ連はロシア革命（1917年）から連邦成立（22年）の過渡期にあって参加できませんでした（34年加盟）。

他方で、最初からリーダー格の常任理事国となった日本とイタリアも、1933年と37年に脱退、26年加盟のドイツも33年に脱退して、枢軸国を結成して第二次世界大戦へとなだれ込んでしまいました。連盟の求心力のなさを露呈したともいえましょう。

●国際連盟の反省から生まれた国際連合

したがって、国際連合を作る際には、大国がすべてそろってリーダーシップが発揮できる、強力な組織としなければならないという点で各国の思惑が一致しました。

第二次世界大戦で、日独双方と中心になって戦ったのはアメリカです。また、イギリスとソ連は主に欧州戦線でドイツと戦いました。したがって、米英ソが絶対に加盟する組織を作るべく、大西洋憲章からダンバートン＝オークス会議に至る過程で話し合いを続けました。

ここで、安全保障理事会の常任理事国の問題が浮上します。米英ソが就くのはいいとして、拒否権（155ページ参照）を求めるソ連と、それを反対する米英で、なかなか折り合いがつきませんでした。結局、１９４５年2月のヤルタ会談で、拒否権を「認める」と決まりました。

連盟が制裁を科す軍事力を持たなかったのも弱点で、連合では「国連軍」を結成するための手続きが定められました。

連盟における、総会の「全会一致」原則も、何も決められないという課題を残しました。

国際連合の組織図

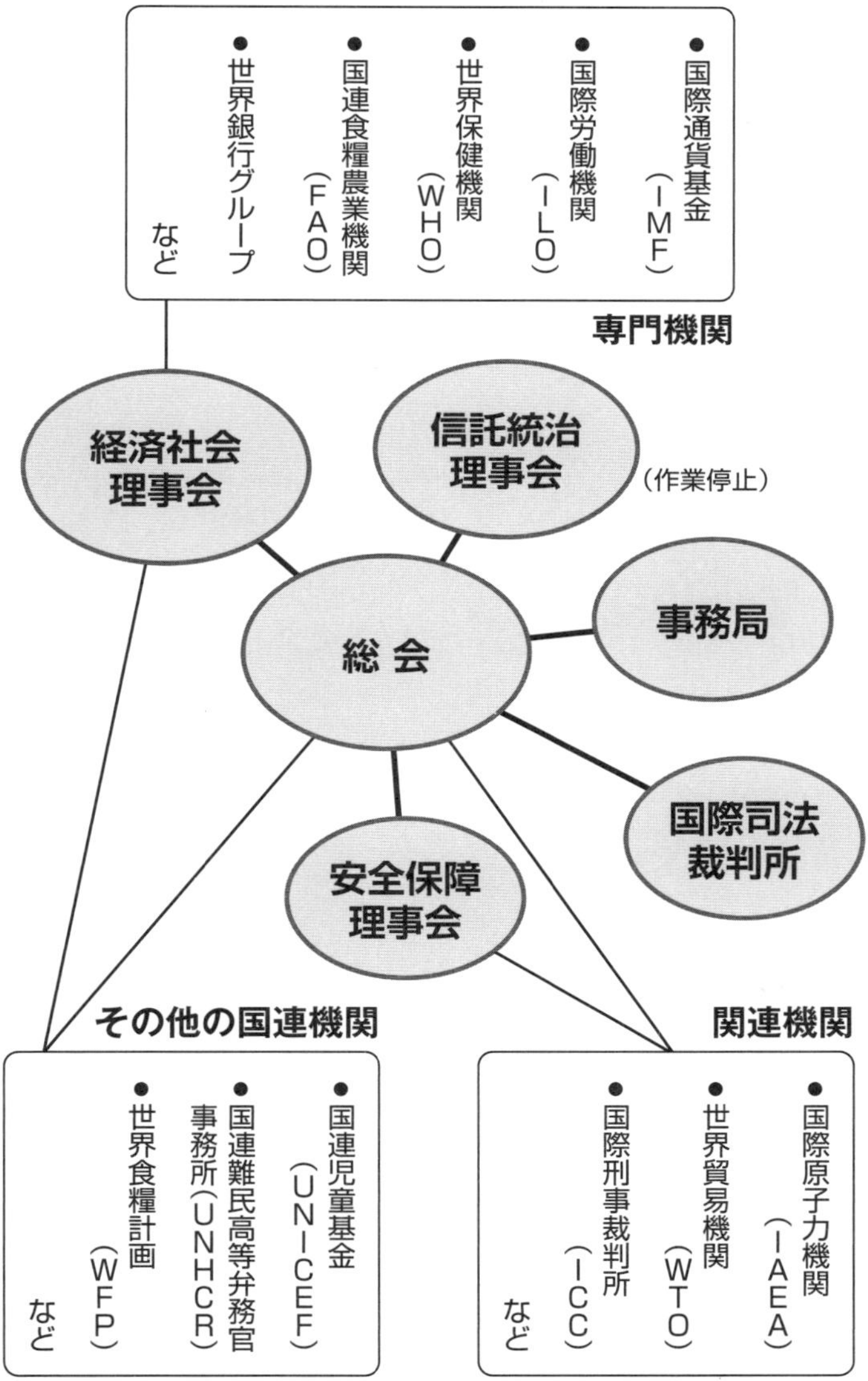

●国際通貨基金(IMF)
●国際労働機関(ILO)
●世界保健機関(WHO)
●国連食糧農業機関(FAO)
●世界銀行グループ
など
専門機関
経済社会理事会
信託統治理事会
(作業停止)
総会
事務局
国際司法裁判所
安全保障理事会
その他の国連機関
●国連児童基金(UNICEF)
●国連難民高等弁務官事務所(UNHCR)
●世界食糧計画(WFP)
など
関連機関
●国際原子力機関(IAEA)
●世界貿易機関(WTO)
●国際刑事裁判所(ICC)
など

そのため、連合の総会は、原則として過半数の賛成で決議できるように、改められています。

国連の果たすべき役割は、主に3つに集約できそうです。

①平和と安全

②友好関係。力による国境線変更の禁止や、紛争を武力でなく外交交渉で解決する「予防外交」

③人権擁護。世界人権宣言以来の、難民、人種、女性、障害者等に対する差別禁止条約など

国連は、6つの主要機関を中心にして、構成されています。ただし信託統治理事会はほぼ役割を終えているので実質的に5つ。総会、安全保障理事会、経済社会理事会、事務局、国際司法裁判所です（前ページ図表を参照）。

3 安全保障理事会

事実上、最も強い力を持つ機関

本来、国連の主要機関に上下はありません。

しかし、「国際平和と安全の維持についての主要な責任」を果たすのが目的の**安全保障理事会（安保理）は、最終的に軍事的強制措置の発動を決議して加盟国に参加を求めることができるので、事実上最も強い力があるといえましょう。**

安保理の構成国は現在は15で、

①任期がなくていつも議席を有する**常任理事国**5ヵ国

②任期2年の**非常任理事国**10ヵ国

で構成されます。

平和への脅威や破壊活動、侵略といった出来事に対して、経済制裁などの措置を取ったり、軍事制裁に踏み切ったり、という決議ができます。**安保理の決議には法的拘束力があ**

KNOWLEDGE OF INTERNATIONAL RELATIONS

る点が総会より強く、加盟国はしたがわなければなりません。

決議は15ヵ国中9ヵ国（過半数ではない）の賛成が必要です。

ただし常任理事国（アメリカ、イギリス、フランス、中国、ロシア）が1ヵ国でも反対したら「拒否権行使」となり、他の14ヵ国が賛成していてもお流れになります。拒否権以外では、15ヵ国は対等です。

●安保理の非常任理事国になるメリット

ある国や地域の紛争が問題となり、安保理の公式協議が開かれたとしましょう。

この**公式協議で、ハッキリと自国の主張ができるのが、非常任でも理事国になるメリットです**。言い換えるとあいまいな態度は許されず、特に常任理事国同士で賛否が割れているようなテーマでどう主張するか、重い責任を負います。

なお安保理の公式協議には、15ヵ国以外に紛争の当事者も誘われれば討議に参加できますが、投票権はありません。

また安保理は、テレビなどでおなじみの円卓での公式協議で決まるといった単純なしくみではなく、むしろ非公式協議でのやりとりのほうが重要です。

非常任理事国も、反対（または賛成）する常任理事国を「せめて棄権に止めてくれないか」などと口説いたり、賛成ならば9票、反対ならば7票を集める工作をしたりと、根回しの能力が求められます。その過程で、安全保障に関するさまざまな情報が入ってくるのも、理事国ならではの利点。理事国でなければ他国から聞き出さなければならない重要情報が、耳に入ってくるわけです。

パックリと9対6に割れて、経済や軍事制裁という重要項目を決めるのも不安定なので、安保理は全会一致を目指そうともします。その結果、反対派が決議案のどこを直したら賛成に回るのかという議論も、公式・非公式問わず盛んに行われるのです。

●加盟を希望する国の承認

また**安保理は、国連加盟国となるための承認も担います**。加盟は、安保理の勧告に基いて総会が決定します。日本が国連加盟できたのは、1956年の日ソ共同宣言によって、拒否権のあるソ連が「支持」を表明してくれたためです。パレスチナは国連加盟を申請しているものの、アメリカが拒否権発動を明言しているため入れません。

15ヵ国はアルファベット順に1ヵ月「議長」が回ってきます。その期間は議長国にとって大切な課題を議題に載せたり、議事を差配する強い裁量を振るうことができます。決議

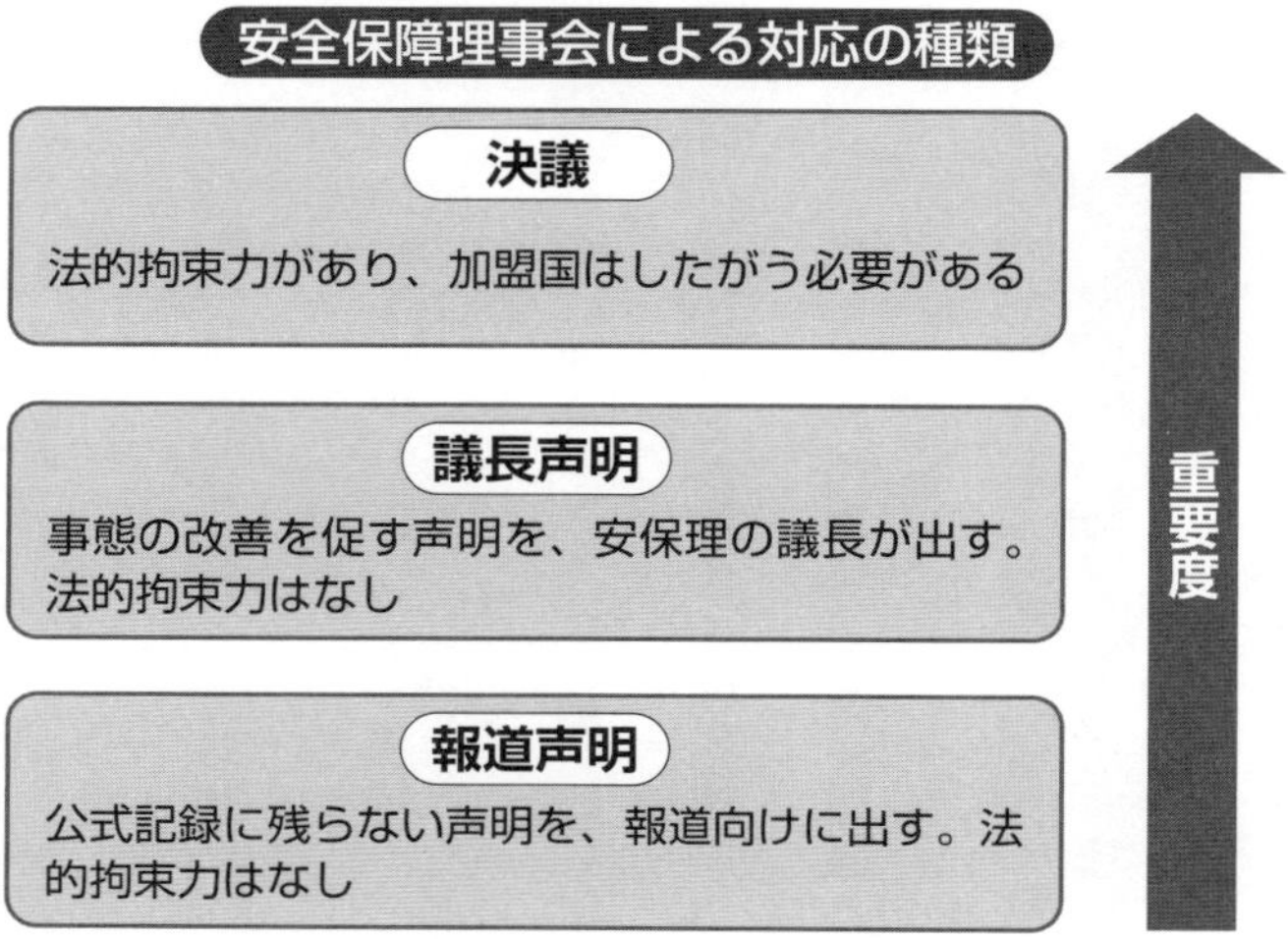
安全保障理事会による対応の種類
決議
法的拘束力があり、加盟国はしたがう必要がある
議長声明
事態の改善を促す声明を、安保理の議長が出す。法的拘束力はなし
報道声明
公式記録に残らない声明を、報道向けに出す。法的拘束力はなし
重要度

よりおだやかで法的拘束力はないながら、安保理の意思である**議長声明**を出す際の主役でもあり、さらに公式記録には残らない**報道声明**を出す場合もあります。

非常任理事国は、国連加盟国のうち地域ごとに枠があります。

アフリカ3、アジア太平洋2、中南米2、西欧その他2、東欧1。アジア太平洋と中南米は毎年1議席を改選、アフリカは奇数年に2、偶数年に1を改選、西欧その他は偶数年に、東欧は奇数年に改選されます。こうしておけば全体として毎年5ヵ国ずつ改選できるというわけです。

4

五大国と「拒否権」

1国でも反対すれば決められない

KNOWLEDGE OF INTERNATIONAL RELATIONS

安全保障理事会（安保理）の常任理事5ヵ国（アメリカ、イギリス、フランス、中国、ロシア）を、俗に**五大国**とも称します。**常任とは「永久」を意味します。**常任理事国には、ヤルタ会談の結果、**拒否権**が与えられました。つまり理事国15ヵ国の動静にかかわらず、常任理事国が1ヵ国でも反対したら「決議」「議長声明」「報道声明」のどれもが行えません。

国連設立の基礎となった大西洋憲章（144ページ参照）は1941年に英米間で合意されました。当時、ソ連はドイツと激しく戦っていて、憲章にも賛意を示しました。国際連合の「大国」として、共産主義国のソ連を加えるのはどうかという議論があったのは確かですが、突き放すと巨大な不安定要因になりかねないので、受け入れます。

日中戦争をしていた中国（中華民国）に関しては、イギリスが大国としての能力を疑問視し、ソ連も日ソ中立条約との兼ね合いで微妙な関係であったため消極的でした。しかし、日米開戦後のアメリカが長らく続いている日中戦争を念頭に、中国を激励する意味を見出していた他、敵国日本や、ソ連へのけん制に役立つと考え、連合国共同宣言の発議国に加えました。

もっともめたのはフランスの扱いでした。

何しろフランスは、1940年にドイツに敗れて降伏し、主に北側がドイツに占領され、南側に何とかフランス人の政権（ヴィシー政府）が認められたものの、ドイツへの従属を強いられていたからです。

1944年のノルマンディー上陸作戦で、フランスへ上陸した連合国軍がパリを解放してヴィシー政府は崩壊し、イギリスで亡命政府「自由フランス」を組織して抵抗していたド・ゴールが臨時政府を樹立します。

フランスは大戦期のほとんどをドイツ支配下で過ごしていたため、アメリカが「大国」と認めるのにためらいがあったのは間違いありません。一方でイギリスは、大国が「米英中ソ」となると、戦後のヨーロッパを立て直すパートナーが地域にいなくなってしまいます。ド・ゴールをかくまっていた経緯も合わせると、どうしてもフランスを加えたいと主張しました。結果として、イギリスの訴えが実を結んで、フランスも「大国」の座を射止めたのです。

●変わる常任理事国

常任理事国内のシステムは戦後、政変でいくらか変わりました。フランスは臨時政府↓第四共和政↓第五共和政と政体が変遷します。ソ連は1991年に崩壊し、常任理事国の座をロシアが継承しました。

中国は戦後の内戦で、大陸は共産党率いる中華人民共和国（1949年建国）となり、国民党の中華民国は台湾へと逃げ込みました。その後も国連の地位は台湾が保持していたのですが、1971年に中華人民共和国へ代表権が移動したのです。

拒否権の行使で目立つのは、イスラエルを批判する決議に対してのアメリカ、などです。また、かつては、旧植民地が続々と独立して加盟申請する際に、加盟すると自陣営に不利とみなしたソ連の行使が目立ちました。中華人民共和国に代表権が移るまでは、5ヵ国のうち米英仏と中華民国がアメリカをリーダーとする西側で、東側はソ連のみ。数的劣勢を補うという意味もあったようです。

また拒否権は、新しい事務総長誕生や再選を阻むためにも使われています（161、165ページ参照）。

●常任理事国が一致団結するただ1つの事柄

世界の紛争で五大国の利害にまったく関係ないケースはないに等しく、結局、常任理事国のどこかが否定的な傾向に陥ります。

いがみ合ってばかりの5ヵ国ですが、唯一結束するのが「この5つの国以外に常任理事国は認めない」という点。意見は違えど、「永久」と「拒否権」という2つの特権を、他に渡したくないという気持ちを共有しているようです。

現在、国連加盟国は約200と、当初の約4倍まで増えました。ところが常任理事国は相変わらずの5ヵ国です。非常任理事国も、1965年に4増やして10として以降、増えていません。

新たな常任理事国を認めるといった安保理の構成を変えるためには、国連憲章の改正が必要です。そのためには常任理事国すべての承認が必要ですが、その5ヵ国が増やしたくないという思惑なので、何も進まないのです。

KNOWLEDGE OF INTERNATIONAL RELATIONS

5 「総会」では何をしている？

すべての加盟国で、あらゆる問題を話し合う

国連の総会は、すべての加盟国で構成されていています。**国における「議会」に似ていますが、立法府ではないため法的拘束力がありません。**

1国1票で、**通常会**は毎年9月中旬から開催。各国首脳（大統領や首相など）による一般討論も行われます。議決は原則として過半数で決まります。重要なテーマは3分の2の賛成が必要です。場所はアメリカ・ニューヨークの国連本部です。

総会では、加盟国すべてがあらゆる問題について発言でき、審議されます。決議は拘束力を持たない**「勧告」**に止まるとはいえ、それなりに尊重されてきました。また**国際人権規約**のように、総会が採択した条約を各国が批准すれば、法的拘束力を帯びます。

●総会と安保理との関係

安全保障理事会（安保理）と総会の兼ね合いは次のような点が挙げられます。

①新たな加盟国の承認

安保理の勧告（加盟を認める）に基づいて、総会が決定します。安保理勧告は常任理事国すべてが賛成しなければなりません。その上で、**総会で3分の2の賛成が必要です。**

②国連憲章の改正

総会で加盟国の3分2以上の賛成があり、かつ安保理の常任理事国すべてを含む3分の2以上の批准（国内手続きの完了）が必要です。

憲章改正で最も話題となるのが安保理の構成です。1993年に総会は、安保理の構成や総会との関連性などを見直す部会を設立します。同年、日本も「安保理でなしうる限りの責任を果たす」との表現で公に常任理事国入りへの興味を示しました。97年にはラザリ総会議長が、常任理事国を先進国から2ヵ国、開発途上国から3ヵ国増やすとの改革案を提示。

後に、日本などが常任理事国入りしようと活動しましたが、頓挫しています（165ページ参照）。

③事務総長の選出

事務総長（165ページ参照）の選出については、国連憲章に「安保理による勧告に基づいて、総会が任命する」とあるだけ。実際には、安保理が候補を1人に絞り込んで総会へ推薦決議を出し、総会が拍手で任命しています。実質的に安保理が決めていて、総会は追認機関にすぎないといえましょう。

④安全保障上の課題

国際平和や軍縮といったテーマはもちろん総会で審議できますし、安保理へ勧告も出せます。ただし安保理で現に審議中である場合は除かれます。

●安保理と関係ない総会の役割

次に、安保理と絡まない総会の役割を紹介します。役割がいずれも審議と勧告であるのは変わりありませんが、次のようなものがあります。

- 政治的な国際協力の推進
- 経済的、社会的、文化的、教育的および保健的分野における国際協力の促進

・人種、性、言語又は宗教による差別をなくし、基本的人権や自由の実現に向かっての援助

また総会には、**「報告」**という機能もあります。安保理を含めた総会以外の機関からの報告を受けて、妥当かどうか審議するのです。

国連の予算審議と承認も大切な役割です。経費は、総会の割り当てにしたがって加盟国が経費を負担します。なお、会計年度は2年です。

通常会以外にも、安保理、または加盟国の過半数の要請があれば**特別会**が開催されます。また、安保理が常任理事国の拒否権発動で機能不全に陥り、かつ平和を脅かす重大な状況に陥った際には、**緊急特別会**も開けます。緊急特別会は、今までに10回開かれました。

6 事務総長の役割

国際社会の「外交官」トップの姿

KNOWLEDGE OF INTERNATIONAL RELATIONS

事務局は、国家に例えると行政機関に近く、多くの職員がニューヨークにある本部や、世界各地にある地域事務所で働いています。トップが**事務総長**です。

事務局では、主要機関（国際司法裁判所を除く）から委任された職務を遂行します。要するに国連が決めた計画を実施する機関なので、国連のシステムそのものと同じくらい広い範囲の仕事をしているのです。

事務局の職員は国ではなく個人として採用されます。したがって、出身国の利害ではなく中立性を保つよう求められます。事務局の長である事務総長も同じです。

●事務総長の仕事内容

では、事務総長の仕事内容はどのようなものなのでしょうか。

事務局の職務自体が「国連のありとあらゆること」なので、「ありとあらゆる事態に対応する責任者」となります。

他の国連の主要機関から委託された職務遂行の責任者であり、さらに重要課題であると考えたら、各機関の決定を待たずに調停に乗り出します。**国際社会の外交官トップといえるでしょう。**

国際平和や安全の維持を脅かす事項であると判断すれば、安保理へ注意を促す権能も持っています。調停のための各国首脳との会談も、大切な役割です。時には、より積極的に解決に向かわせるため、仲介にも乗り出すし、声明という形で意見も発表します。

事務総長は、あらゆる問題に取り組み、どのような政治勢力からも指示されたり圧力を受けたりしないという建前になっていて、事務総長自身がそうあるよう身を律していかねばなりません。

事務総長は、壮大な役割の割に権限が乏しいと、しばしば指摘されてきました。自分の意見を国家にしたがわせる力はないし、加盟国の合意がなければ結局何もできないともいわれます。

「だからこそ合意を得るような調停力や外交力が事務総長には必要だ」→「しかし根拠となる権限がない」→「だからこそ合意を得るような調停力や外交力が必要だ」……とい

う、極めて面倒な立場なのです。

例えば2005年3月、アナン事務総長が国連改革報告書を示しました。安保理拡大を支持した上で、「常任理事国を6ヵ国増やす」などの案を検討して、同年9月の国連創設60周年までに決めるように求めたのです。それに応じて、日本などが常任理事国入りを求めて懸命に活動したものの、かないませんでした。

難しい立ち位置の中、成果を挙げたケースもあります。**国連平和維持軍**（180ページ参照）は、ハマーショルド事務総長が構想しました。また、アナン事務総長はアフリカで蔓延したHIV（エイズウイルス）に対する支援と対策に尽力しています。

●事務総長の選出

事務総長の決め方は、161ページにあるように、安保理常任理事国すべての承認が必要です。3選を目指した4代ワルトハイム事務総長は中国が、再選を考えていた6代ガリ事務総長はアメリカが、それぞれ拒否権を発動して葬っています。

任期や出身国については国連憲章に決まりがありません。慣習として安保理常任5ヵ国とG7（主要7ヵ国）に属するドイツ、日本、イタリア、カナダからは候補を出さず、任期は5年で再選までというのが慣例です。

これまで9人の事務総長の出身国のうち、ヨーロッパがノルウェー、スウェーデン、オーストリア、ポルトガル、アジアがビルマ（現在のミャンマー）と韓国、アフリカ大陸がエジプトとガーナです。経歴は閣僚経験者、外交官、国連職員など。9代目のグテーレス事務総長（ポルトガル）は初の首相経験者です。ただ、国家元首がその地位に就いた過去はありません（ポルトガルの元首は大統領です）。

7

経済社会理事会と専門機関

経済から文化、教育、社会まで

経済社会理事会も国連の主要機関の1つです。国連憲章によると、扱うのはその名の通り経済的、社会的な事項の他、文化的、教育的、保健的な課題にも及びます。加盟国の人権擁護も大きな役割です。

経済社会理事会の役割をわかりやすく理解するためには、理事会が調整にかかわっている「専門機関」を知るのが近道です。理事会は、専門機関の仕事の報告を受けて、より良い方向へと導いていきます。

専門機関には、なじみ深いところでは、国際労働機関、国連教育科学文化機関、世界保健機関、世界銀行グループ、国際通貨基金などがあります。なお、これらの専門機関は、経済社会理事会と連携関係にありますが下部機関ではありません。

KNOWLEDGE OF INTERNATIONAL RELATIONS

国際労働機関（ILO）は、労働者の基本的な権利を守る国際労働基準の設定に熱心で、加盟国へ条約参加を呼びかけています。1日ないしは週の労働時間の上限など、さまざまな指標を提案しているのです。

国連教育科学文化機関（UNESCO、ユネスコ）は、名前の通り、教育、科学、文化の発展を推し進めることで、戦争の夕ネとなる要素を摘み取っていこうという趣旨に基づいています。ユネスコ憲章は「戦争は人の心の中で生れるものであるから、人の心の中に平和のとりでを築かなければならない」と高らかにうたっているのです。

ユネスコで最も有名な活動が、**世界遺産**。1972年の総会で、世界遺産条約が採択されました。珍しい植生があるといった**自然遺産**、建造物や遺跡などの**文化遺産**、双方の要素がある**複合遺産**の3パターンがあります。

世界保健機関（WHO）は、世界規模の保健（健康）に関する課題を扱います。たばこ規制枠組条約や、インフルエンザなどの感染症への警告、海外に渡って臓器移植する行為への自粛勧告などの取り組みが見られます

世界銀行グループ、国際通貨基金（ＩＭＦ）は、24ページで紹介したように、ドルの力で世界経済を安定させるブレトン・ウッズ体制の具現化をしています。

世界銀行は途上国へ資金や技術を援助します。ＩＭＦはお金が足りなくなって支払いが困難になった国や、国際金融危機に巻き込まれて厳しい状況となった国などに融資をして助けます。また、今後どう乗り切っていくべきなのかといった技術的支援もします。

8 国連の関連機関であるWTO

「自由貿易」の理想と現実

KNOWLEDGE OF INTERNATIONAL RELATIONS

国連憲章は、総会と安全保障理事会に「任務の遂行に必要と認める補助機関を設けることができる」としています。これらは、専門機関とは異なり国連の下部機関となります。総会決議で設けられた**国連児童基金（UNICEF、ユニセフ）**や、緒方貞子さんがトップを務めたことで知られる**国連難民高等弁務官事務所（UNHCR）**などが知られています。

また、国連との連携を協定していないものの、親しい関係にある組織を関連機関と呼びます。**国際原子力機関（IAEA）**や**世界貿易機関（WTO）**などが特に重要な組織です。

●WTOが作られた経緯

WTOの前身は1948年設立の**関税と貿易に関する一般協定（GATT）**です。1929年のニューヨークでの株価大暴落に端を発した世界恐慌に対応すべく、主要国が保護主義に走ったことが、第二次世界大戦の大きな原因になった反省から生まれました。

当時の保護主義は、輸入品にかける関税を大幅に引き上げたり、自国産業を守るために基軸通貨に当たる金（ゴールド）を買って、自国通貨を売るという通貨安政策を採っていました。少しでも輸出有利・輸入不利の状況に持ち込む政策です。

これは、１つの国の中だけで行われたわけではありません。イギリス連邦のように加盟国だけ関税を低くするというブロック経済圏があちこちに出現したのです。あるブロックが結束すると他が報復策を採り、この争いが各国・地域のナショナリズムに火をつけました。貿易額は劇的に減り、１９３０〜32年の3年間で、約70％も貿易が縮小したとされます。

日本のような新興国は輸出先を失い、対抗するために中国大陸の市場および資源を求め、満州事変や日中戦争の一因にもなりました。

そこでGATTでは、まず鉱工業品を手始めに貿易自由化を手がけます。主なメンバーは、アメリカを中心とする西側諸国でした。

一方で、旧ソ連は東側諸国を率いて、**経済相互援助会議（COMECON）**を組織しました。しかし、ソ連崩壊にともなって１９９１年に解散し、地球規模の自由貿易の組織を考案する素地が生じます。結果として、1995年のWTO設立に結びつきました。

地域大国のうち中国が2001年に、ロシアも2012年に加盟し、今では160以上の国と地域が参加しています。

●WTOのラウンド

WTOは、**ラウンド**と呼ばれる貿易交渉を加盟国間で行い、そこでの決めごとを守っているかどうか見張っています。

GATTでは扱わなかったサービス貿易や知的所有権も対象とし、全会一致が原則となります。多数決などにすれば、不満を持つ国や地域が離脱し「偏りのない世界経済の発展」という目標を達成できなくなる恐れがあるからです。

……と、**WTOの理念は高邁ですが、近年では機能不全が不安視されています**。というのも2001年から始まった**ドーハ・ラウンド**の決着が一向につかないからです。ラウンドではさらなる関税の引き下げなど、より公正で自由なルール作りのための話し合いが行われているものの、妥結しない、というか事実上休止状態に陥り、今に至っています。まとまらない主なテーマを挙げてみましょう。

①農産品の関税引き下げ
YES……アメリカ、ブラジル、オーストラリアなど輸出国
NO……欧州連合（EU）、日本、韓国、インドなど輸入国

②農産品への国内補助金削減
YES……アメリカ以外
NO……アメリカ

③鉱工業品の関税削減
YES……先進国
NO……発展途上国

この結果、先進国の間ではアメリカが③以外で立場を異にし、途上国間でも②、③では一致するも、①では農産品輸出国のブラジルと輸入国のインドが対立してしまいます。特に①、②、③すべてで争う形になるアメリカとインドの対立はすさまじく、2008年には「妥結か」の機運が高まりましたが、結局ぶつかり合って決裂してしまいました。

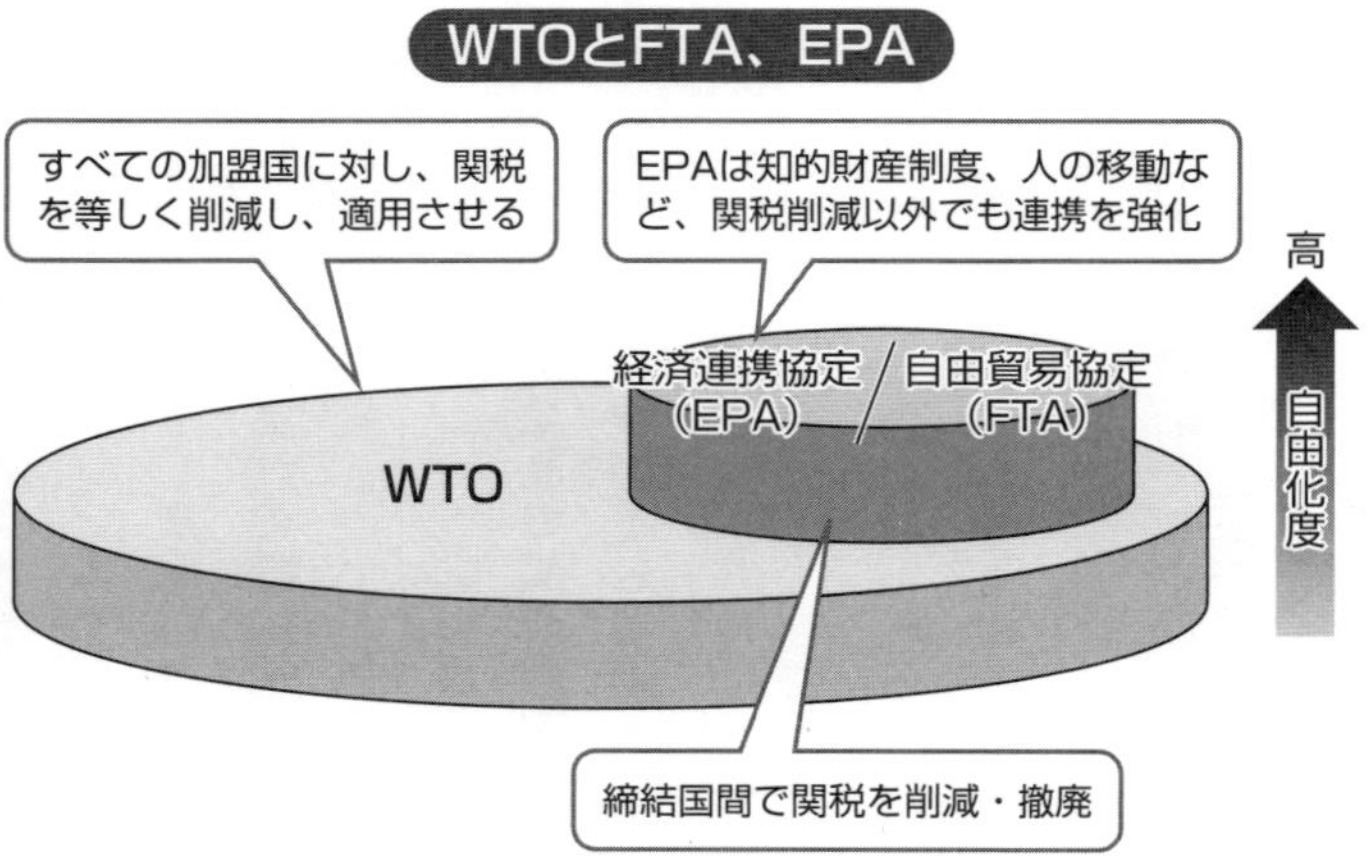

※日本商工会議所ホームページなどを基に作成

●WTOの理想と現実

このようにラウンドでの交渉はなかなかうまくいかず、加盟国からは、ラウンドの成り行き任せでは自国の経済発展が滞りかねないと思うようになりました。

そこで、WTO協定が「例外」と容認しているにすぎない**自由貿易協定（FTA）**や**経済連携協定（EPA）**による、2国間および多国間の自由化交渉が進んでいきます。

利害が一致しやすい国同士で、主にモノの関税を撤廃してして貿易を活性化させるのがFTAです。また、カネ（資本）やヒト（労働力の移動）の自由化など、より広い分野での関係強化を図るのがEPAです。

環太平洋パートナーシップ協定（TPP）もその1つ。世界には**欧州連合（EU）**や**北米自由貿易協定（NAFTA）**、**東南アジア諸国連合（ASEAN）**、**アジア**

太平洋経済協力（APEC）、**南米南部共同市場（メルコスール）**などの地域経済統合が生じています。

つまり**WTOの停滞がFTAやEPAを促しているのですが、言い換えればWTOの理想がかなわないのでそうなっているともいえます。**

WTOの理想とは、「経済の争いで二度と戦争の引き金を引かない」ということでした。それができないから、FTAなどで地域統合へ走る図式は、あれだけ批判された戦前のブロック経済の再構築に他ならないという批判が絶えずあります。

世界のどの統合計画にも属していない途上国はたくさんあります。地域統合が、それを閉め出すような結果になれば、悪夢再来となりかねません。特に南アジアからアフリカ一帯が取り残される恐れが現状では大きく、因果関係こそ断言できないものの、テロリズムや過激主義が多発している地域と重なっています。

これ以上FTAやEPAが活性化すると、いよいよラウンドがまとまらなくなるというジレンマも抱えています。FTAやEPAが機能して利益を生む体質になればなるほど、ラウンドでの譲歩余地が減ってしまうからです。

もっとも、地域経済統合がスムーズに行くかどうかは別問題。最も統合が進んでいるEUでさえ、ギリシャの債務問題やイギリスの離脱問題などを抱えています。また、TPP交渉ではドーハ・ラウンドとそっくりな争いが起きていて、合意こそされたものの、その後アメリカのトランプ大統領が「離脱」を明言したのはご承知の通りです。

FTAやEPAが行き詰まり、「やはりWTOがベストだ」と多くの国が将来気づくのかもしれません。

WTOもさまざまな試行錯誤をしています。例えば、何でも全会一致にするのはどうかという見直し論も出ているのです。

しかも、**WTOには「司法」（紛争処理）機能があるのが大きい**。WTO協定に違反していると訴えれば、小委員会（パネル）が報告書をまとめ、不服があれば上級委員会が最終審判決を出します。

2012年、中国が一部のレアメタル（希少金属）を輸出規制したとして、日米とEUなどが訴えを起こし、中国敗訴の最終審判決にこぎ着けました。この判決に対して、いつもは何かと「内政干渉だ」と反発する中国も、是正措置を取らざるを得ませんでした。

9

日本と国連
どんなことを要望しているのか？

KNOWLEDGE OF INTERNATIONAL RELATIONS

日本が国連に要望している大きなポイントは、**「旧敵国条項」の廃止と安全保障理事会（安保理）の常任理事国入り**です。

国連は日本などの枢軸国と戦った諸国（連合国）で結成されました。したがって発足時点で日本が入れてもらえるはずもなく、1951年のサンフランシスコ講和条約（サ条約）で独立が承認され、56年の日ソ共同宣言でソ連が「国際連合への加入に関する日本国の申請を支持する」つまり安保理常任理事国が持つ拒否権を発動しない、と確認して同年末に加盟できたのです。

加盟交渉では常任理事国のうちアメリカ、イギリス、フランスはサ条約に調印していたので拒否権行使の心配がありませんでした。また中国の議席は現在の台湾（中華民国）が持っていて、台湾とは1952年の日華平和条約締結で戦争状態の終結をうたっていました。残る壁がソ連だったのです。

●旧敵国条項とは？

国連の原則は戦争禁止。安保理の許可なくして武力行使できません。**しかし、旧敵国に対しては、国連憲章53条によって、地域機構（例えば北大西洋条約機構など）が例外的に無許可で行使できるとされています。**また、憲章107条では、旧敵国に対する第二次世界大戦終結の際の取り決め（講和条約など）が、国連憲章に優先するとされています。これらを、旧敵国条項と呼びます。

憲章には旧敵国がどこか明記されていません。しかし歴史的な流れから旧敵国は、第二次世界大戦の枢軸国側（日本、ドイツ、イタリアなど）でしょう。一方、旧敵国条項を行使できる（武力行使などができる）のは、五大国をはじめとする国連原加盟国と見られます。

終戦直後で旧敵国とされる国々が加盟していなかった（というかできるはずがなかった）時点では、旧敵国条項も意味があったでしょうが、日本が1956年に、東西ドイツは73年に、イタリアも55年に加盟しており、ずいぶん月日が経ちました。

憲章は2条で、加盟国すべての主権平等の原則を基礎としています。1995年には国連総会が旧敵国条項を「時代遅れ」とし、早期に削除する決議を採択しています。ただし憲章を改正して条項を削除するには、改正した文案を明らかにした決議案が総会で3分の2以上の賛成を得て採択されなければなりません。

たぶんここまでは行き着くでしょう。問題は次の段階で、安保理常任理事国を含む加盟国の3分の2が批准（国内手続きの完了）する必要があります。この作業が大変です。条項撤廃に前向きな国々の多くが、どうせならば同じく「時代遅れ」の批判がつきまとう安保理改革も一緒にやってしまいたいと考えているようですから（158ページ参照）。

ところが何かと角突き合わせている常任理事5ヵ国も、こと「常任」（永久に理事）とそれのみが持つ拒否権に関しては一致して「我々だけで」が真意のようで、改正は遅々として進みません。

10

戦争と国連

「国連軍」が作られたことは一度もない

国連では、加盟国の戦争が原則禁止とされています。唯一国連憲章が認めている軍事行為は、安全保障理事会の判断で「国際の平和及び安全の維持又は回復に必要な空軍、海軍または陸軍の行動をとることができる」(42条)ことです。どうにもならない、ならず者と認定した国を、皆でとっちめます。いわゆる**集団安全保障**です。

ただし、**正規の国連軍が作られたことは過去一度もありません**。朝鮮戦争では「国連軍」という名称が使われましたが、国連の指揮下にありませんでした。厳密にいえば、さまざまな国から軍隊を集めた多国籍軍です。

また、一部報道で「国連軍」とも略される**国連平和維持軍(PKF)**も、国連憲章に明文規定はありません。ただし、安保理決議は重要な根拠です。国連平和維持軍は、**国連平和維持活動(PKO)**に基づいて派遣される軍隊を指します。

KNOWLEDGE OF INTERNATIONAL RELATIONS

ＰＫＯは人道的な国際救援活動や停戦および選挙の監視、兵力の引き離しの他、今では平和協力のため警察（治安維持）業務や、司法制度の確立、教育にまで仕事の幅を広げています。

●国連憲章で定められている「集団的自衛権」

集団安全保障とよく似た用語である**集団的自衛権**は、憲章51条の「安全保障理事会が国際の平和及び安全の維持に必要な措置をとるまでの間、個別的又は集団的自衛の固有の権利を害するものではない」の後段を根拠とします。前段、つまり「安全保障理事会が国際の平和及び安全の維持に必要な措置をとる」＝集団安全保障ができれば不要です。しかしその代表的手段である国連軍が作れないので、後段が生きてくるわけです。

集団的自衛権とは、自国と関係が深い国が攻撃されたら自分の国が武力攻撃を受けていなくても一緒に反撃する権利です。ちなみに個別的自衛権とは自国への侵略などへの対抗です。個別的自衛権は、刑法の正当防衛や緊急避難の概念と似ています。

11

国連職員になるには？

高いスペックが求められる専門職

ここでは、国連職員の中軸となる専門職を取り上げます。なお経理や運転手、警備などの一般職は、おおむね現地採用です。

国連への就職が日本の就職活動と最も異なるのは、学卒の新規一括採用ではなく、日本的な感覚でいうところの中途採用に近いという点です。「空席公募」といって各機関に欠員が生じた際に募集がかけられます。

国連職員になるには、修士号以上の取得が必須の上に、2年以上の実務経験（職歴やボランティア歴など）が欠かせません。

また、「専門職」というくらいですから専門知識がなければ務まりません。わかりやすいところでは、世界保健機関（ＷＨＯ）職員に医師がなるといった具合。また仕事柄、国連公用語の6言語のうち、使用頻度が高い英語とフランス語のどちらかが堪能でなければ

KNOWLEDGE OF INTERNATIONAL RELATIONS

ならないのはいうまでもないところ。しかも日本でいう「終身雇用」（雇用期間に定めがない）は少数で、多くが任期制、要するに非正規雇用なのです。

国連事務局は「大学・学部は一切問わない」としていますが、英語がペラペラで修士号以上の学歴を持ち、なおかつどこかで働いていて専門知識も有しているという条件はかなりハードルが高いといえましょう。

そうした人を日本で探すとしたら、企業ならば外資系や、多国籍に展開する日本の会社の海外駐在体験者、在外勤務歴のある官僚、英語圏かフランス語圏で勤める大学教員といったあたりが思い浮かびます。

しかし、そうしたバックグラウンドを捨ててまで任期制の多い国連職員へ転身するでしょうか。条件を満たす人物はおのおのの所属で正社員、正職員でしょう。才能から推し量ると出世も大いに期待できる人材です。

給与（米ドル払い）を比較しても、基本給が年収500万円ぐらいで、派遣先地域の物価を調整する分を加えても日本の感覚でだいたい700万円ほど。大企業や官僚、大学の専任教員と比較すると、決して高いとはいえません。

結果、日本人の専門職は全体の2・5％程度に過ぎず、G7（アメリカ、カナダ、日本、イギリス、フランス、ドイツ、イタリア）中最低です。それも道理で、Ｇ７のうちアメリカ、イギリス、カナダは英語圏、フランスはフランス語圏ですから、生まれた時から不利を強いられているのです。

●外務省や国連事務局の対応

外務省は国連職員の数を増やしたいとやっきです。１９７４年から始まった**ＪＰＯ（ジュニア・プロフェッショナル・オフィサー）派遣制度**は、職員となる橋渡し役を担ってきました。国連の諸機関に２年ほど人材を派遣させて研鑽を積み、「空席公募」に挑戦するというしくみです。派遣期間内の給料は外務省が出します。

年齢は35歳以下で修士号以上、職歴２年以上という条件は、普通の空席公募と変わりません。制度に合格するにはＴＯＥＦＬ iＢＴだと１００以上ほしいとのこと。国連で実務を積めるというアドバンテージがあっても、制度に合格する以前に資格条件を満たせない人が大半でしょう。

なお外務省は、「人材が求められている分野」として「開発・人権・人道・教育・保健・平和構築・モニタリング評価（Ｍ＆Ｅ）・環境・工学・理学・農学・薬学・建築・防災・人事・財務・会計・監査・総務・調達・広報・渉外・ＩＴ・統計・法務等」を挙げています。空席公募する際の参考にもなりそうです。

やや難度が低いのが、国連事務局が実施する**YPP（ヤング・プロフェッショナル・プログラム）**です。学歴は学士号以上で職歴は問われず、32歳以下であれば応募できます。年に1回試験を行い、書類選考、筆記、口述試験と進んで合格すると2年間の試用期間があります。

そこで優秀であると判断され、また自身も引き続き国連で働きたければ、職員として正式採用となるのです。

第5章

世界の主な「同盟」や「協定」

1 いろいろとある同盟の種類

通商や安全保障を目的に結ばれる

現在、さまざまに見られる地域連携のうち、最も盛んなのが経済条約とか関税同盟と呼ばれる、多国間の通商に関する取り決めです。

域内の関税を低くしたり撤廃するという試みは各所でなされています。一番進んでいるのが**欧州連合（EU）**でしょう。関税がかからないのみならず、域内単一通貨発行や人の移動の自由を保証するという段階にまで進んでいます。

次が**東南アジア諸国連合（ASEAN）**で、加盟10ヵ国内の関税引き下げなどで統合の努力を進めています。

他にはアメリカ大陸の**北米自由貿易協定（NAFTA）**や**南米南部共同市場（メルコスール）**、アフリカ大陸の**アフリカ連合（AU）**、内陸アジアの安全保障の役割も持つ**上海協力機構（SCO）**、旧ソ連諸国による**ユーラシア経済同盟**、通貨の安定を図る**ASEAN＋3**（日中韓）、アジア諸国とEU諸国からなる**アジア欧州会合（ASEM）**、太平洋に面

KNOWLEDGE OF INTERNATIONAL RELATIONS

する国々で構成される**アジア太平洋経済協力（APEC）**などがあります。

現在構想中の連携としては、**東アジア地域包括的経済連携（RCEP）**や、**環太平洋パートナーシップ協定（TPP）**が有名です。ただし、TPPは合意（調印）まではたどり着いたものの、主要構成国のアメリカ大統領が離脱を明言しており、発効（効力を持つ）にまで至っていません。

●安全保障に関する同盟

安全保障や軍事に関する同盟や連携で代表的なのは、北米とヨーロッパからなる**北大西洋条約機構（NATO）**です。2国間関係では東アジアの**日米安全保障条約**、**米韓相互防衛条約**や、アメリカとオーストラリアで結ぶ**ANZUS条約**など。

他にEU内の**共通安全保障・防衛政策（CSDP）**やアジア太平洋地域の**ASEAN地域フォーラム（ARF）**や**東アジアサミット（EAS）**、旧ソ連6ヵ国による**集団安全保障条約機構（CSTO）**などがあります。

2 EUができるまで
石炭と鉄鉱石から始まったヨーロッパの結束

18世紀の産業革命以来、世界はヨーロッパ、特にイギリスとフランスが引っ張ってきました。両国の激しい競い合いに、1870〜71年の戦争（晋仏戦争）でフランスに勝って成立したドイツ帝国が加わり、利害衝突がたびたび起きます。それが1914年からの第一次世界大戦と1939年からの第二次世界大戦の大きな要因となるのです。

各国の拡大競争が結果としてヨーロッパ大陸を戦場とする大戦争を巻き起こし、自滅のような形でどの国も大被害を被って1945年の終戦を迎えました。結果として東ヨーロッパが旧ソ連の影響下に置かれ、西ヨーロッパもアメリカのマーシャルプラン（207ページ参照）という援助計画に頼らざるを得なくなります。世界の支配権はヨーロッパから米ソに移ってしまったのです。

KNOWLEDGE OF INTERNATIONAL RELATIONS

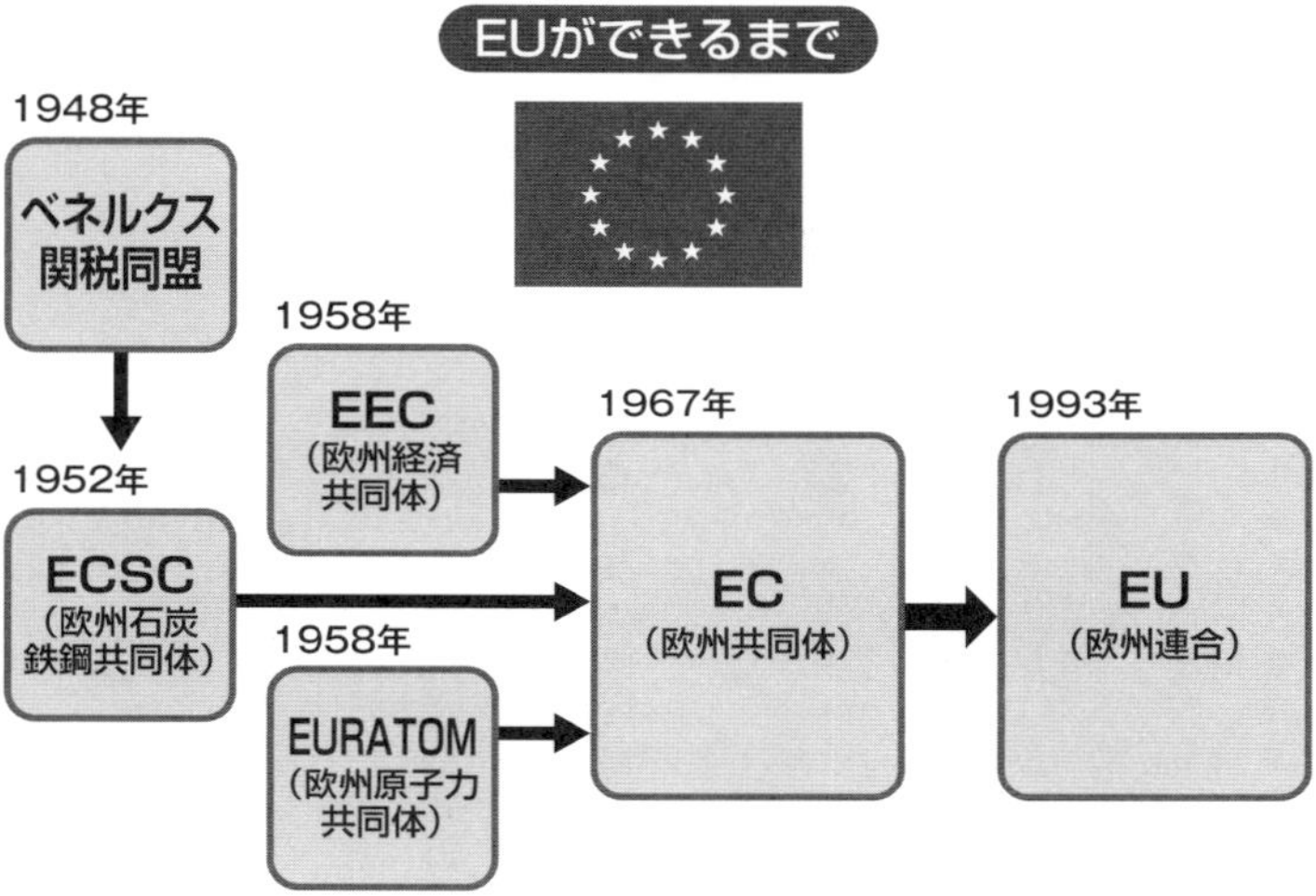

●関税同盟から生まれたEU

ヨーロッパ復活のきざしは英仏独の3強にはさまれたベルギー、ネーデルランド（日本名オランダ）、ルクセンブルクの3小国がお互いの頭文字を並べて1948年に結んだ**ベネルクス関税同盟**に見出せそうです。

1952年にはベネルクス3ヵ国にフランス、西ドイツ、イタリアを加えた6ヵ国による**欧州石炭鉄鋼共同体（ECSC）**が設立され、石炭や鉄鉱石などの関税の廃止などを決めました。

関税とは、主に自国よりも安い商品が他国から輸入される際に、自国の生産者を守るべく課される税金を意味します。したがって関税は自国民の保護のためにあり、その撤廃は外国との市場の共有化と考えてよく、ECSCはEUの原風景です。

仏独が石炭と鉄鉱石で協定を結んだことは意義深い。

二度の世界大戦は、両国の対立という意味合いが強く、その大きな原因が国境付近にあるアルザス＝ロレーヌ（ドイツ名エルザス＝ロートリンゲン）地方の広大な鉄鉱床と炭田の奪い合いだったからです。

さらに、ＥＣＳＣ６ヵ国は、１９５８年元旦に、前年に調印された**ローマ条約**（欧州経済共同体設立条約と欧州原子力共同体設立条約の２つを指す）を実現する形で、経済の統合を全体に広げる**欧州経済共同体（ＥＥＣ）**が設立されました。

１９６７年には、ＥＣＳＣ、ＥＥＣと欧州原子力共同体（ＥＵＲＡＴＯＭ）の３機関を統合する**ＥＣ（欧州共同体）**が発足、関税、通商産業など幅広い分野での一体化を目指すことになったのです。

●ＥＵの誕生

１９９３年、**欧州連合（ＥＵ）**創設を定めた**マーストリヒト条約**が効力を持ち、12の加盟国でＥＵがスタートしました。多くの国に分かれていたヨーロッパの人々を「ヨーロッパ市民」と位置づけ、経済のみならず、外交、安全保障、司法といった国別に定まっている決まりまで共通化していく壮大な試みが始まったのです。

１９９９年からは域内単一通貨**ユーロ**を発行（現金として使用されるのは２００２年か

現在のEU加盟国

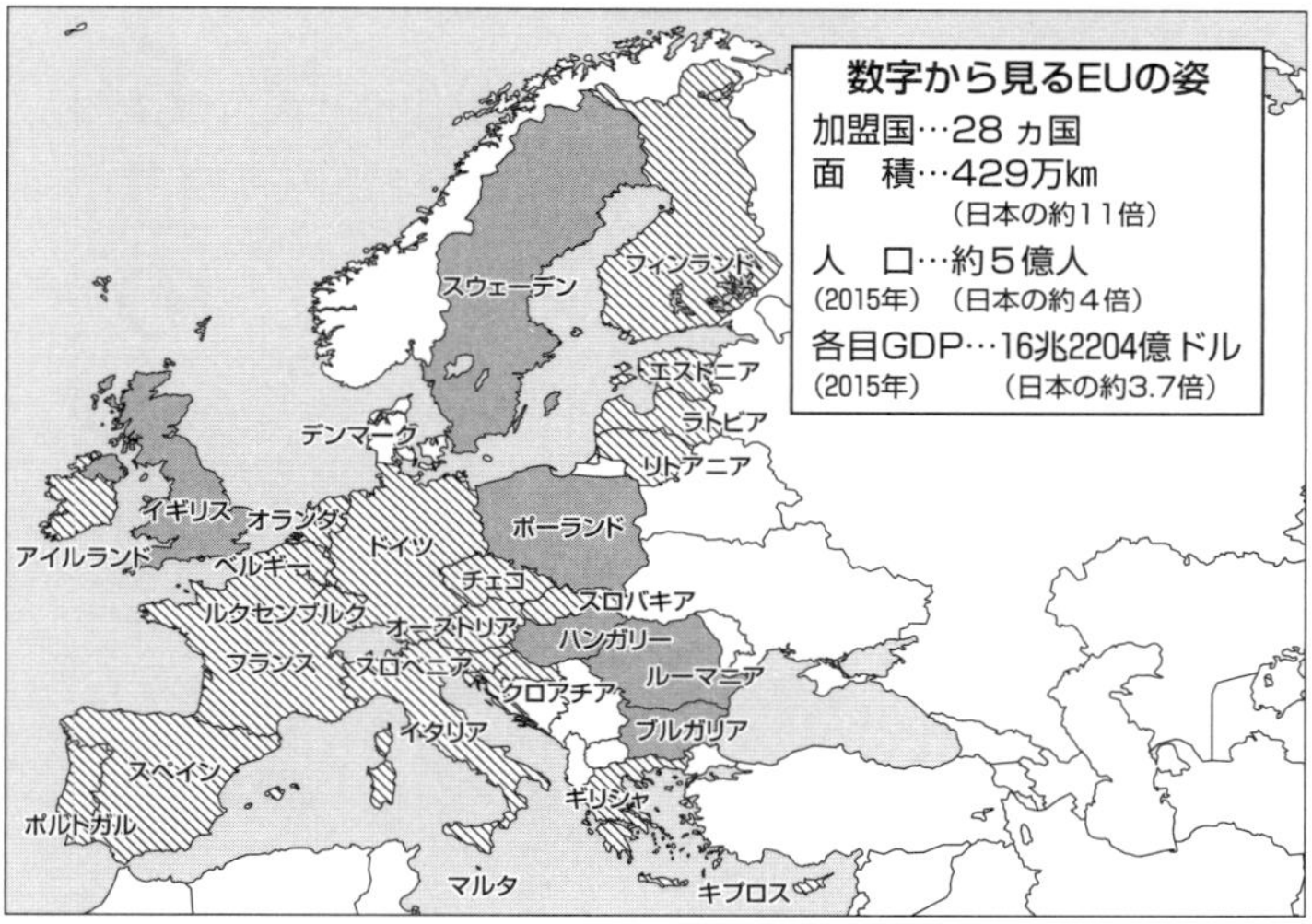

※斜線の国はユーロ使用国
※イギリスは離脱に向けて交渉中

ら）。その後拡大を続けて、現在は28ヵ国を数えるに至りました。まだ実現できていませんが、やがては政治的にも統合しようとしています。

ＥＵを１つの国と見なすと、その規模は、質量ともに日本人一般が想像するよりはるかに大きなものです。

まずは質から。加盟国の名目ＧＤＰ（域内総生産）はトップのアメリカを追う２番手です。

量も見逃せません。人口は約５億人とアメリカの３億人強を超え、世界でも１位の中国、２位のインドに次ぐ多さとなります。面積も世界7位に食い込み、「ヨーロッパは小さな国ばかり」という印象も払拭されます。

3

KNOWLEDGE OF INTERNATIONAL RELATIONS

EUの役割
最も先行しているのは経済統合

2012年にノーベル平和賞を受賞したEUは、その理由として、ヨーロッパの平和や加盟国の民主化、人権状況の改善に寄与した点が挙げられています。創設の直前に当たる1991年にソ連が崩壊し、「東側」つまりソ連の側にいた東ヨーロッパ諸国も、そのくびきから解放されました。特に2004年と07年に渡って加入した12ヵ国の多くは、旧ソ連の衛星国やその一部でした。

●経済統合組織としてのEU

EUの最も先行する役割は経済統合です。域内の関税はゼロ。域外との貿易交渉はEUが一括して行います。

域内の国境を意識せず行き来できる**シェンゲン協定**も大きな魅力です。外国に入る場合、出入国の2回、旅券（パスポート）を示さなければならないのはよく知られていますが、協定参加国同士は国境管理をしないので必要ありません。

シェンゲン協定は、もともとはEUと別の取り決めで、EU非加盟でも参加している国（ノルウェー、スイスなど）がある一方で、イギリスやアイルランドなど、加盟しても参加していない国もあります。日本ならば都道府県境を渡るのと同じような感覚で外国へ入れますし、国際航空路も国内線の扱いです。

また、これとは別に、**EU基本条約（リスボン条約）**も域内の移動の自由を保障しており、労働者が自由に国境を越えて働くことが可能となっています。

企業活動にも開かれています。経済の血液のような役割を担う金融機関は、EU域内いずれかの国で監督当局から免許を取得すれば、別のEU加盟国でも事業ができる**シングルパスポート・ルール（単一免許制度）**を設けています。

要するに、域内のヒト、モノ、カネの移動を自由にする「単一市場」を目指しているのです。

単一通貨ユーロは、加盟国すべてではありませんが、多くの国が使用しています。別々の国家が、共通の通貨を広汎に使用しているケースは、基軸通貨ドルを除くと世界でもユーロぐらい。管理するのは**欧州中央銀行（ECB）**。日本でいうならば日本銀行で、市場に出回るお金の量を調整します。

例えば景気が過熱して物価がどんどん上がっていく局面では、金利を引き上げるなどして引き締め、反対に冷え込んだら緩和して支えます。お金を独占して発行できる他、民間銀行の預金を預かったり貸したりする「銀行の銀行」の役割も持っているのです。

安全保障面では、**共通安全保障・防衛政策（CSDP）**と呼ばれる政策を採っています。外交も含めて、**EU外務・安全保障政策上級代表**（通称**「EU外相」**）が統括します。常備軍はありません。加盟国が合意した時には、**EU部隊**が結成される決まりです。

また、北大西洋条約機構（NATO）（207ページ参照）が軍事同盟であるのに対し、CSDPは非軍事的な活動も行います。紛争後の地域における警察の訓練、選挙実施の支援、国境管理などの実績を積んできました。

4

EU運営の実態

国家に似た機構が存在する

KNOWLEDGE OF INTERNATIONAL RELATIONS

ＥＵが目指す政治、外交、軍事にまで至る完全統合は道半ばです。事実上の決定権があるのは、加盟国の最高権力者（大統領や首相）で主に構成する**欧州理事会（ＥＵ首脳会議）**です。**常任議長**は、２年半の任期で現職首脳以外から選ばれます。別名**「ＥＵ大統領」**。首脳らによって選出され、会議を招集したりＥＵ代表として国際会議に臨みます。

●２つあるＥＵの立法府

三権分立に当てはめて「立法府」といえるのが**欧州議会**と**ＥＵ理事会**です。欧州議会は５年ごとに域内で行われる直接選挙で選ばれます。議員数の合計は７５１（２０１７年６月時点）。割り当ては各国ごとで決められており、人口比を原則とするも、国ごとの上下限があるため「１票の格差」があります。

EUの機構

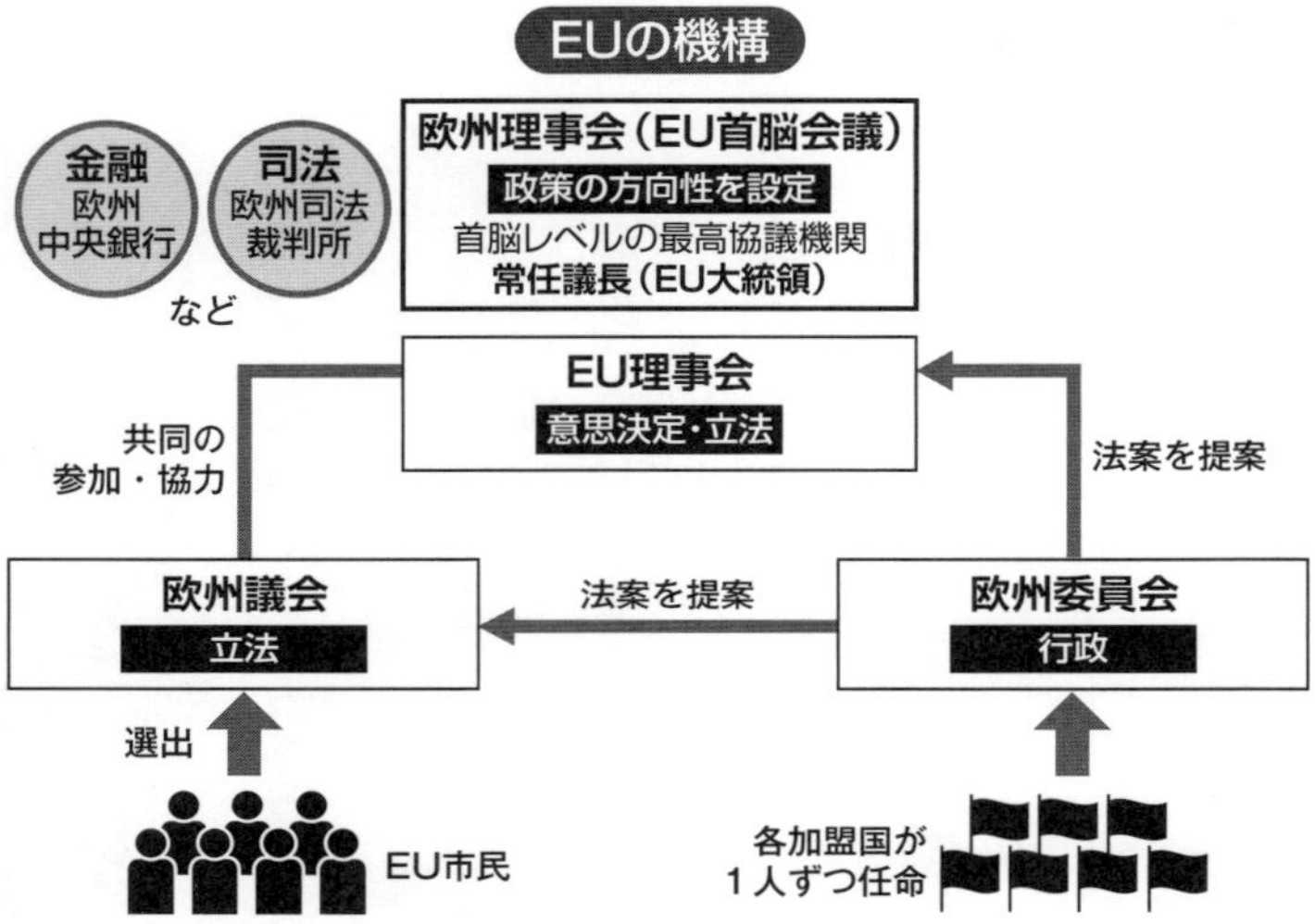

※外務省ホームページなどを基に作成

ＥＵ理事会は各国代表（大臣クラス）で構成され、こちらにも立法権があります。二院制でもありません。

欧州議会はベルギーのブリュッセル、フランスのストラスブールおよびルクセンブルクの3地域に所在。ＥＵ理事会の本部はブリュッセルです。

なお、ＥＵの主要機関がベルギーの首都であるブリュッセルに集中するのは、ＥＵ前身の欧州石炭鉄鋼共同体（ＥＣＳＣ）の原加盟国である、フランス、西ドイツ、イタリア、オランダ、ベルギー、ルクセンブルクのうち、ベルギーは民族的にゲルマン系（ドイツ語圏やオランダ語圏）とラテン系（フランス）双方の言語が使われ、大陸内での立地も偏らないので選ばれたようです。

●「行政」を担う欧州委員会

「行政府」に相当するのが**欧州委員会**です。法令の立案、政策の施行、法の執行、国際条約の交渉などを行います。委員は加盟国が1人ずつ任命します。委員長は欧州理事会が指名し欧州議会が任命します。

さまざまな権限の中で注目すべきは、法案を立法府（欧州議会とEU理事会）へ発議（提案）する能力です。立法府には発議権がありません。日本で例えれば、内閣（行政府トップ）提出法案に似ています。

成立した**EU法**は、加盟国の国内法に原則として優先します。一般的な条約に近い存在です。

最後に「司法」について。EU法を唯一判断できる、最高裁判所に当たる**欧州司法裁判所裁判官**は、加盟国から1人ずつ出されています。ただし補佐役である法務官は、「五大国」（ドイツ、フランス、イギリス、イタリア、スペイン）の5人と、それ以外からの3人。国連安全保障理事会に似ている面もあり、「それ以外」にとっては差別的な縛りもあるのです。

●EUの執行機関

欧州委員会は行政機関なので国家でいう執行機関も抱えています。日本で例えるならば文部科学省とか国土交通省といった省庁に当てはまるのが**総局**です。経済・金融総局、予算総局など、44の総局があります。約3万人の官僚が支えていて、これらの人々は、**「EU官僚」**または**「ブリュッセル官僚」**などとも呼ばれます。

官僚群は選挙で選ばれるわけでもなく、加盟国の役人が出向するなどして充当しています。基本給は月額約80万円弱（ユーロから円換算）。局長クラスともなれば200万円近い月給がもらえます。年金も最終給与の約7割と手厚く設定。出身国の利害にかかわらず、EU全体を考える中立性が求められるがゆえの厚遇というのが理由だそうです。

裏を返せば出身国に何の責任も負わないともいえ、EUが掲げる理想にまい進するあまり、時折「常識外れではないか」と思われる提案をすると批判されてもいます。

例えばEUでは、曲がったキュウリや枝分かれしたニンジン、ミニチュアサイズのメロンなどの野菜や果物を「規格外」として域内で販売するのを禁じていました。現在は撤廃されましたが、バカらしい規制の代表格として知られた逸話です。

省エネや二酸化炭素削減の観点から、ハイパワーの掃除機を作ったり売ったりするのも禁止しました。これについては、ハイパワーであれば短時間で掃除が済むので削減効果は薄いのでは、という反発が起きています。

延々と議論が続いたのが**チョコレート論争**。「チョコレートの原料はカカオバターに限る」とするフランス、ベルギー、イタリアなどに対して、イギリスが植物油を含んでもチョコレートだと反発。結局、ヤシなどいくつかの植物油に限って5％（重量比）まで認めるとの妥協が成立したのです。

何としても「カカオ100％」を維持したかったベルギーも、固執すれば欧州司法裁判所に訴えられかねないのであきらめました。

5 これからのEUの姿

イギリスの離脱はどうなるか?

KNOWLEDGE OF INTERNATIONAL RELATIONS

拡大の一途をたどってきたEUにも転機が訪れました。イギリスの離脱（**「ブレグジット」**と呼ばれます）です。イギリスは、EUからの離脱を2016年6月の国民投票で決めました。残留派のキャメロン首相は辞職して、同じ保守党のテリーザ・メイ氏が後継となります。2017年1月、メイ首相は「私の提案は、EU単一市場のメンバーでいることを意味しない」と演説しました。

EU加盟国は域内の貿易が無関税。そこから完全に離脱するという意味で「ハード・ブレグジット」（強硬離脱）などとマスコミは伝えています。対して「経済的なダメージが大きい」と、脱退しても関税同盟はなるべく維持したいとする「ソフト・ブレグジット」（穏健離脱）を唱えるグループは今後を不安視しているのです。

イギリスは、シェンゲン協定（194ページ参照）には入っていませんが、EUに加盟している限り、ＥＵ基本条約（リスボン条約）の「域内の移動の自由を保障」は認めるしかなく、域内国からの移民を拒めません。また、イギリスはユーロを採用せず独自の通貨であるポンドを使い続けていますが、域内の関税ゼロやシングルパスポート・ルール（195ページ参照）の恩恵は受けています。

したがって「ＥＵ単一市場のメンバーでいることを意味しない」という首相発言は、素直に聞けば離脱後のＥＵとの貿易で関税をかけられる可能性があり、経済的にマイナスと指摘する声が多くあります。

もともと、イギリスの人々が「ブレグジット」支持した最大の理由は、「ＥＵにいると、移民を拒めないので雇用が奪われるばかりか、医療や教育といった公のサービスまで圧迫されている。移民制限をするには離脱しかない」ということでした。

メイ首相の演説は移民の規制を明確にしています。論理的には「だから単一市場からも離脱する」は正しいともいえましょう。というのも国民投票の後、ＥＵ主要国から、「移民は制限するけど単一市場には残りたい」との主張は「いいとこ取り」と批判されていましたから。移民受け入れ義務を果たさないならば、関税ゼロなどの恩恵も与えないという姿勢です。

●「エコノミー」と「エモーション」の対立

イギリスの国民投票は「エコノミー」（経済的な利益から残留すべし）と「エモーション」（国民感情を重視して離脱すべし）の対立と見なされていました。結局、「エモーション」が勝ったわけです。では、その「感情」とは何なのでしょうか。

イギリスはかつて「大英帝国」と称された超大国でした。その栄光と挫折を知る年配の多数が、離脱を支持しています。「感情」の根本は、第二次世界大戦を勝ち抜いたチャーチル首相の言葉**「ヨーロッパとともにあるがその一部ではない」**に象徴されます。

このようなヨーロッパへの違和感以外にも、インドやオーストラリア、南アフリカなど、かつての植民地諸国・地域との結びつき**（イギリス連邦）**を重視する思いと、アングロ・サクソンという主要民族が一致するアメリカへの親近感が存在します。

今でこそ戦後を「米ソ二大超大国の時代」と見なしますが、大戦で「戦勝国」の位置にあったイギリスは自らを加えた「三大国」（ビッグスリー）の一員と自負していました。

したがってイギリスは、欧州ＥＵの前身である欧州経済共同体（ＥＥＣ）には加わらず、デンマーク、ノルウェー、スウェーデン、スイス、オーストリア、ポルトガルとともに、7ヵ国で**欧州自由貿易連合（EFTA）**を1960年に発足させます。しかし、関税同盟や労働力の自由な移動など、国家の枠組みを超えた試みをしていたEECより、ずっとゆるやかな連合体でした。

もともと「世界の工場」、すなわち輸出大国こそイギリスが「大英帝国」として君臨できた原動力。しかしEEC内での人、モノ、カネのやりとりのほうが効率的であるため、EEC加盟国ではイギリスからの輸入が減少しました。しかも、EFTA同様にゆるやかなつながりであったイギリス連邦加盟国も、イギリス本国への輸出入よりも、近隣諸国など、有利な相手国との貿易を伸ばすようになり、八方ふさがりに陥ったのです。

たまりかねてイギリスは、1963年と68年の2回、EEC（67年からはEC＝欧州共同体）加入を申し入れましたが、二度ともフランスのド・ゴール大統領に拒絶されました。

ナチス・ドイツに席巻されて困り果てたド・ゴールが組織した亡命政府「自由フランス」（156ページ参照）に手を差し伸べて、大戦末の臨時政府樹立まで手助けしたイギリスにとって、大きな屈辱となります。加盟はド・ゴールが去った後の1973年まで待たなければなりませんでした。

●これからのイギリスの姿

現状では、イギリスと連邦加盟国との関係は薄まる一方です。連邦が貿易などでの優位性を失ったからこそ、EUの前身となるEECに加盟しようとした経緯を考え合わせると、「EUを離脱しても連邦がある」というのは原因と結果が逆転しているともいえます。

このように、「エモーション」による離脱を「エコノミー」の面から分析すれば、いいことは何もない、という推論に到達するのは必然です。

しかし、まだわかりません。イギリス以外のEU加盟国も一枚岩でないからです。主要国でも、各国の選挙などではEU離脱派が力を伸ばしていて、「EU崩壊」を心配する声もあるほど。

もし、仮にそうなってしまったら一転して「イギリスは先見の明があった」と評価される可能性もあります。それがヨーロッパ諸国にとって幸福か不幸なのかは別として、ですが……。

6

NATOとは？
大西洋をはさんだ軍事同盟

KNOWLEDGE OF
INTERNATIONAL
RELATIONS

第二次世界大戦後、戦勝国のアメリカ（資本主義・自由主義陣営）と旧ソ連（共産主義陣営）との間で対立が生じます。いわゆる「冷戦」です。

アメリカは西ヨーロッパを中心に、１９４７年、**マーシャルプラン（欧州復興計画）**を実施し「西側」を形作っていきます。ソ連は大戦中、東ヨーロッパに軍を進めて次々と自陣営（東側）へ取り込み、49年には**経済相互援助会議（COMECON）**を設立してマーシャルプランに対抗しました。

次第に激しくなる東西のにらみ合いに即して、アメリカと西欧の間で結ばれたのが**北大西洋条約機構（NATO）**です。両地域間の軍事同盟で１９４９年にできました。**北アメリカ大陸とヨーロッパ間にある大西洋をはさんでいるのでこうした名称になった**のです。

国連憲章が認める「個別または集団的自衛権」の行使（181ページ参照）が目的で、例えば機構内のある国が、仮想敵のソ連などに攻撃された場合に、アメリカが助けるという想

NATO加盟国

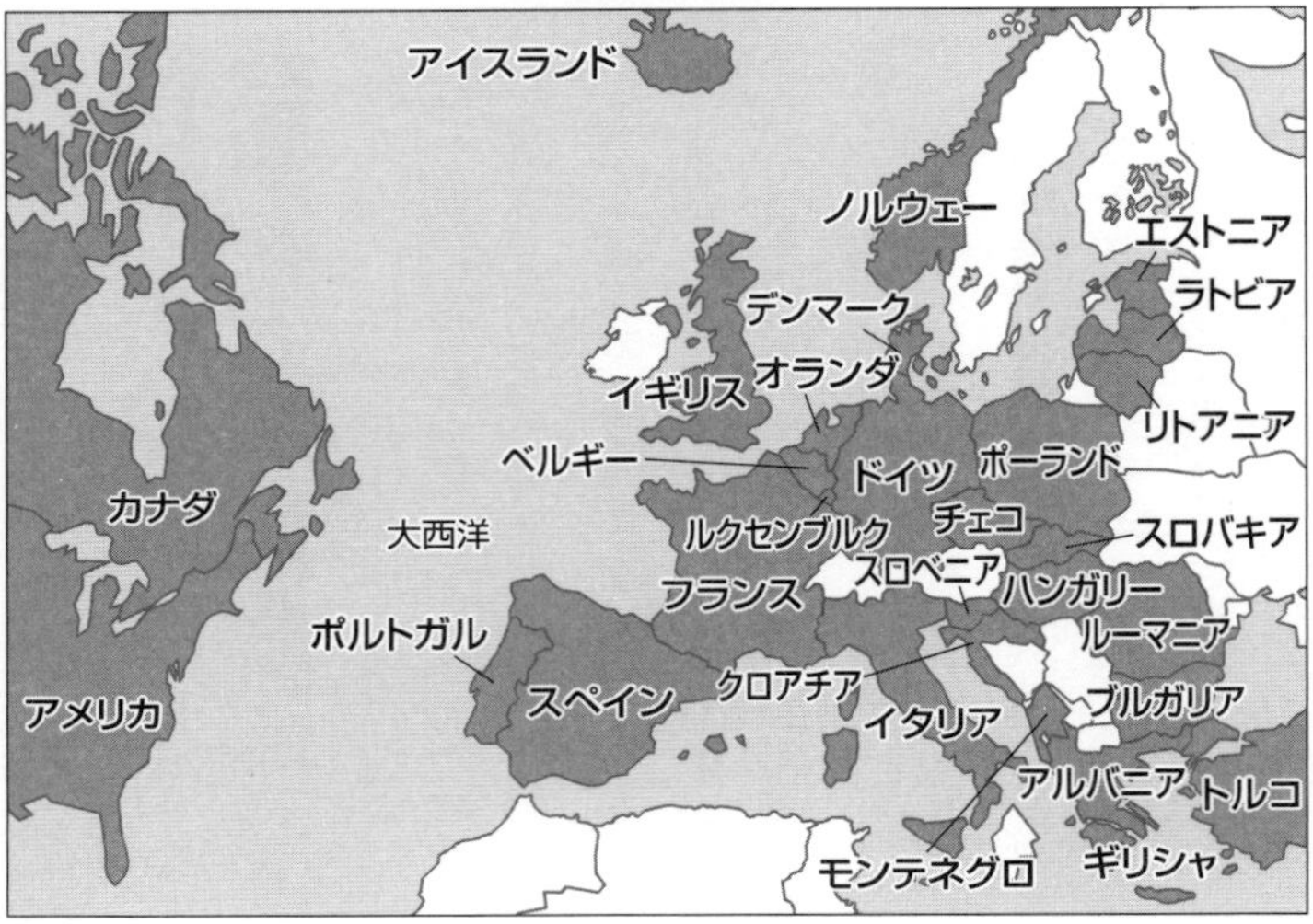

定です。

NATOには、現在29ヵ国が加盟し、本部はベルギーのブリュッセルにあります。EU加盟国でNATOに入ってないのがアイルランド、スウェーデン、フィンランド、オーストリア。反対にEU非加盟でNATOに参加しているのがアイスランド、ノルウェー、モンテネグロとイスラム圏のトルコです。北米側はアメリカとカナダがNATO加盟国となっています。

ソ連は対抗して、東欧諸国とともに1955年、**ワルシャワ条約機構**という軍事同盟を結成しました。

●冷戦とNATO

冷戦期の主な課題は、アメリカがNATO加盟国に配備した中距離弾道ミサイルの扱いでした。中距離弾道ミサイルは、核弾頭の搭載が可能で、西欧からソ連へ直接攻撃できます。ソ連も対抗上、ミサイルを配備しました。

こうした緊張と同時に米ソは弾道ミサイルの削減交渉も行います。結局、**ソ連崩壊までヨーロッパでは東側と西側が戦火を交えずに終えたので、NATO所期の目的は達成されたといってよさそうです。**

冷戦終結後、旧東側の独立国家のうちチェコ、スロバキア、ハンガリー、ポーランド、ブルガリア、ルーマニアがNATO入り。ソ連の一部でありながら、歴史的経緯から反ソ感情が高かった**バルト3国（エストニア、ラトビア、リトアニア）**も加盟します。一方、旧ソ連は、連邦構成国の多くを**独立国家共同体（CIS）**というゆるやかな連合体に再編し、協調する方向性を示しました。

仮想敵のソ連が消滅し、東欧諸国も参加した後のNATOは、主に周辺地域の紛争対応に力を注いできました。共産主義国家でありながら独自の方針を貫いてきた旧ユーゴスラビアの崩壊過程で生じた紛争などです。アフガニスタンでの治安維持など、ヨーロッパから離れた地域での活動も展開しています。

●ロシアとNATO

ソ連の継承国であるロシアは、すでに共産主義国家ではなく、多くの衛星国家をしたがえた超大国でもありません。しかし歴史上の経緯から、NATOの東方拡大に警戒心を隠せないようです。特にバルト3国以外の旧連邦構成国へNATOの影響が及ぶのを強く嫌っています。

2008年8月、旧ソ連構成国の1つであるジョージア（グルジア）の軍が、分離独立を求める自国内の南オセチア自治州に侵入しました。それに対してロシア国籍を持つ人が多い南オセチアでの「虐殺防止」を名目にして、ロシアがジョージアへ侵攻。紛争が本格化しました。

当時のジョージア大統領は、「100%反ロシア派」を公言する人物で、NATO加盟にも動いていました。

ロシア軍は、南オセチア自治州を越えてさらに侵入しました。このロシアの過剰な侵攻に欧米から批判が集中します。EUの仲裁もあって一応休戦にこぎ着けたものの、冷戦の構図であったNATOとワルシャワ条約機構の対立が、亡霊のように浮かびあがったのも事実で、「新冷戦」ともささやかれました。

●現在のNATOの姿

現在のNATOは文民と軍事の2部門で構成されています。文民の最上位が**事務総長**で、加盟国からNATO首脳会議で選ばれるのが習わしです。最高意思決定機関である**北大西洋理事会**の議長を務め、方針を決めたり執行したりします。広報活動の中心でもあり、職員の人事もつかさどります。

軍事のトップは**欧州連合軍最高司令官**で、代々米軍の大将クラスが就任するのが慣行です。邦訳が似通っているので「欧州連合（EU）軍の最高司令官」と間違えやすいのに注意。「ヨーロッパの軍事同盟＝NATOにおける最高本部」といった意味合いです。

7

ＡＳＥＡＮとは？
さまざまな背景を持つ東南アジア諸国の結束

KNOWLEDGE OF INTERNATIONAL RELATIONS

ＡＳＥＡＮとは、**東南アジア諸国連合**の略称です。１９６７年にタイ、フィリピン、マレーシア、インドネシア、シンガポールの５ヵ国で設立しました。以後ブルネイ、ベトナム、ミャンマー、ラオス、カンボジアを加えて現在は10ヵ国です。

この地域は歴史と政治体制、多く信じられている宗教がさまざまです。まず、植民地であった時の状況を見ると、

- **独立国**……タイ
- **旧アメリカ植民地**……フィリピン
- **旧イギリス植民地**……マレーシア、シンガポール、ミャンマー、ブルネイ
- **旧フランス植民地**……ラオス、カンボジア、ベトナム
- **旧オランダ植民地**……インドネシア

ASEAN加盟国

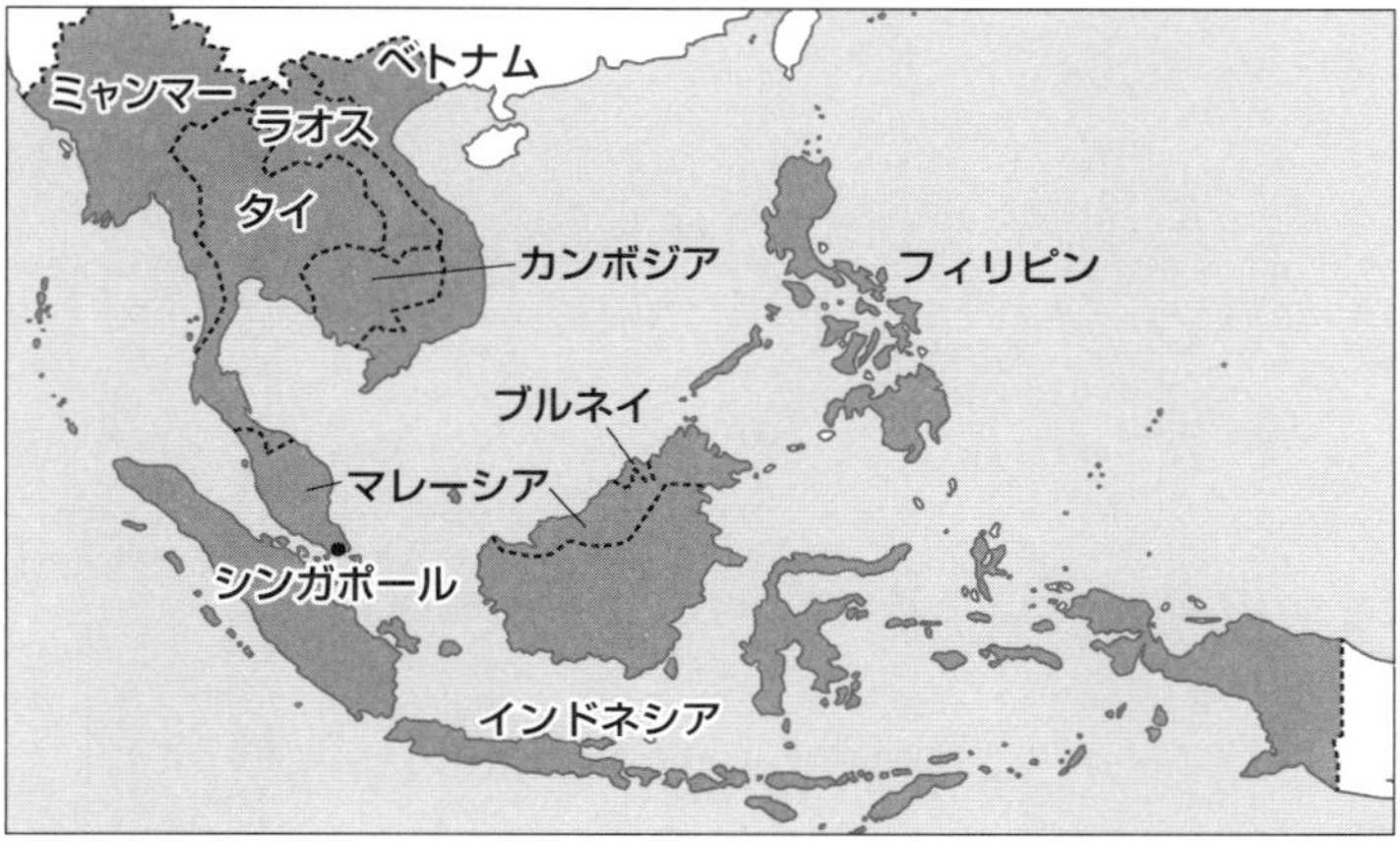

次に政治体制は、

- **立憲君主制**……マレーシア、カンボジア、タイ、ブルネイ
- **共和制**……シンガポール、フィリピン、ミャンマー、インドネシア
- **共産主義**……ベトナム、ラオス

最後に主に信仰されている宗教だと、

- **イスラム教**……マレーシア、インドネシア、ブルネイ
- **仏教**……タイ、シンガポール、ミャンマー、ラオス、カンボジア、ベトナム
- **キリスト教**……フィリピン

となります。

ただこの分類は「あえていえば」という部分もかな

りあります。例えばブルネイは絶対君主制に近い部分がありますし、シンガポールには仏教徒以外も多数います。また、軍の政治への関与の度合いなども異なるのです。

●ASEANはどの程度統合されているのか?

ASEAN統合は経済が先行しています。2008年には民主主義、法の支配、人権の尊重などの原則の共有を掲げる**ASEAN憲章**が効力を持ち、国際法上の法人格を持つ「多国間組織」へと進歩しました。15年には「経済」以外に「政治・安全保障」「社会・文化」の側面でも統合を深めようと、**ASEAN共同体**が発足します。最近では、原則として年1回の首脳会議が催されています。

仮にEUのような経済共同体が完成して、域内のヒト、モノ、カネが自由に行き来できるようになれば、人口6億人以上、域内総生産(GDP)約300兆円という巨大市場が誕生します。

先行しているのは関税引き下げで、すでに半数以上の国がゼロ。他の国も近く撤廃する予定です。ただ、人の移動制限は残っていますし、EUにおけるユーロのような単一通貨もありません。まして政治統合となるとまだまだで、「ASEAN議会」も存在しません。

国々の社会制度の違いに加えて、豊かな国（シンガポールなど）と貧しい国（カンボジアなど）との経済格差も抱えています。

また、南シナ海における島々の領有権を中国と争っているベトナムやフィリピンと、中国資本を頼りにしているラオスやカンボジアとは、「対中国」のスタンスが微妙に異なるのも課題の1つでしょう。

●日本とASEAN

日本は東南アジアとの経済連携協定（EPA）を加速しています。すでにシンガポール、マレーシア、タイ、インドネシア、ブルネイ、フィリピン、ベトナムの各国と締結した他、ASEANそのものとも結びました。

インドネシア、フィリピンおよびベトナムとのEPAでは、2008年からこれらの国の人々が、看護師や介護福祉士として日本で働けるようになりました。ただ、国家試験での「日本語の壁」に跳ね返されて、十分に供給されているとはいえません。日本では、看護師は国内で5万人以上不足し、介護の現場も人手不足で困っています。このような現状を考え合わせ、供給の改善に努めている最中です。

8

ASEANと他の国々のつながり

さまざまな地域との連携が進む

KNOWLEDGE OF INTERNATIONAL RELATIONS

ASEANでは、域外の国も含めた多国間の枠組みが重なって協力関係が進んでいます。

すでにあるのは、1994年にスタートした**ASEAN地域フォーラム（ARF）**。アジア太平洋地域の安全保障を話し合います。ASEAN10ヵ国に北米のアメリカとカナダ、隣り合う南アジア（インド、スリランカ、パキスタン、バングラデシュ）およびオセアニア（オーストラリア、ニュージーランド、パプアニューギニア、東ティモール）、東アジア（日本、中国、韓国、北朝鮮、モンゴル）にロシアとEUを加えた大がかりな装置です。

通貨の安定を図るのに役立っているのが、**ASEAN＋3**（日中韓）。また、これにオセアニア（オーストラリア、ニュージーランド）、インド、ロシア、アメリカを加えた**東アジアサミット（EAS）**は、政治や安全保障、感染症対策などを幅広く扱っています。

アジア太平洋地域における主な枠組み（構想中も含む）

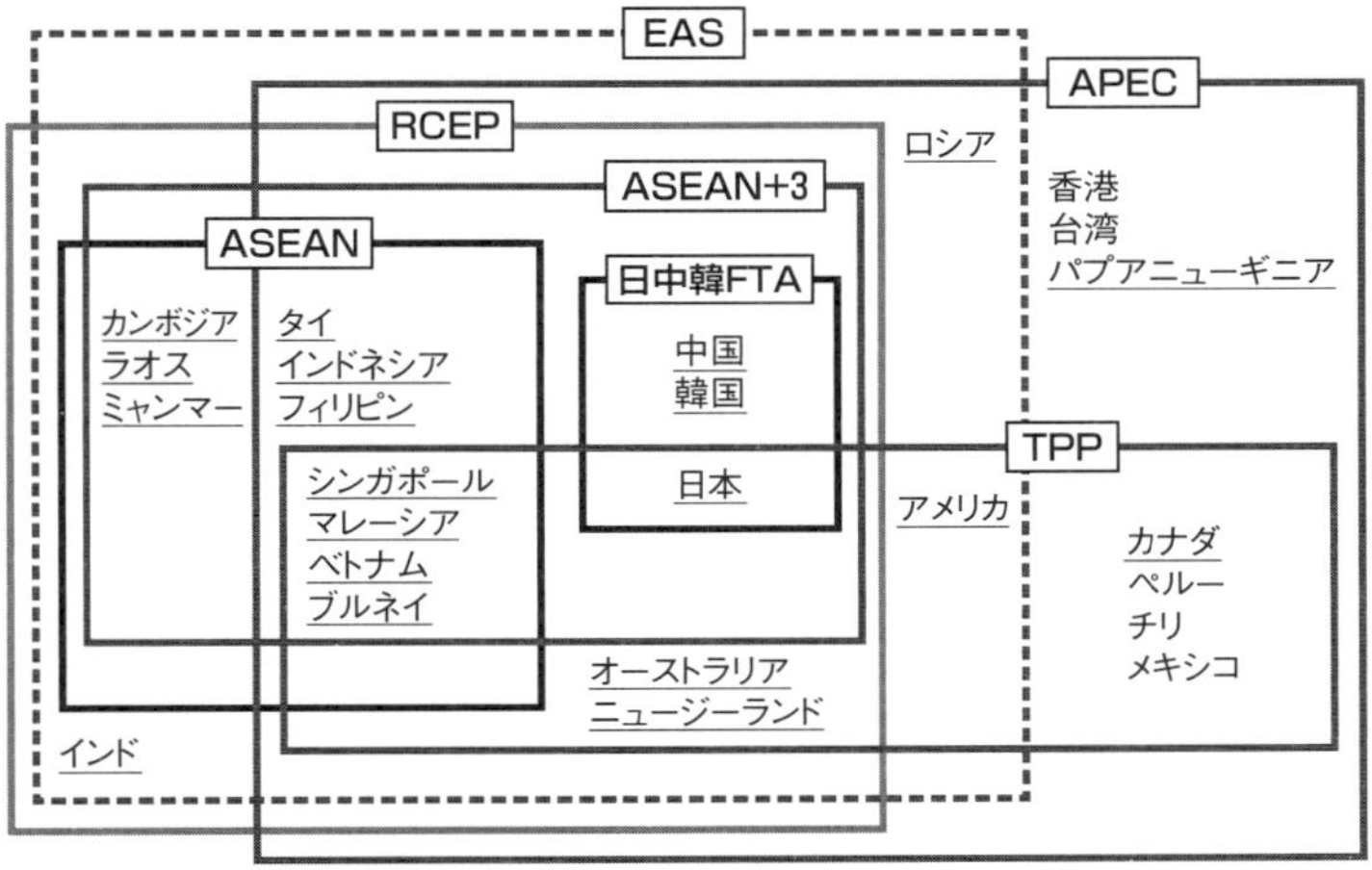

ARF……下線を付けた国＋スリランカ、パキスタン、バングラデシュ、東ティモール、北朝鮮、モンゴル、EU

APEC（アジア太平洋経済協力）は、太平洋に面する21の国と地域がU字型になるような形で構成されている、経済協力の枠組みです。域内GDPは世界の約6割、人口は約4割を占めます。ASEANからは7ヵ国（タイ、フィリピン、ベトナム、シンガポール、インドネシア、マレーシア、ブルネイ）が参加しています。

メンバーをARFと比較すると、ASEANでは太平洋に面していないラオスやミャンマー、カンボジア、またその他の地域では南アジアや内陸国のモンゴルなどが抜けて、南米（チリ、メキシコ、ペルー）が入ります。また、国家ではない「地域」として、台湾と香港が加入。年に1回、首脳会議が開催されます。

また、ヨーロッパとの対話や協力を目指すのが**アジア欧州会合（ASEM）**です。ASEANすべての国々と日中韓、南アジア、オセアニアおよびモンゴルとロシアがアジア側（21ヵ国と1機関）で、ヨーロッパ側も大多数の国（30ヵ国と1機関）が参加しています。

つまりASEANは10ヵ国の話し合い以外にも重層的な協議機関を設けていて、さまざまな観点から世界における東南アジアの位置づけを模索しているわけです。

●これからのアジアの経済連携の姿

構想中の巨大経済連携に**東アジア地域包括的経済連携（RCEP）**があります。

次項で述べるTPPがAPECの延長上と見なせるのに対して、RCEPはEASとの一致点が目立ちます。EAS参加国からロシアとアメリカを除いた国々が協議しているのです。ASEANの提唱で話し合いが始まりました。

RCEPが実現したらどれほどの規模となるのでしょうか。

まず人口は、世界1位の中国と2位のインド、4位のインドネシア、10位の日本など「大国」が多いので、世界の約半分が参加する計算となります。GDPも世界2位の中国と、3位の日本が加わるので、世界の3割程度を占める経済圏になると予測されます。

ただし、TPPの枠組みにも入っている日本やオーストラリアが、関税ゼロなどハイレベルの貿易・投資ルールを要望しているのに対して、中国やインドなどが難色を示すといった具合で、合意まで時間がかかりそうです。

東南アジア諸国は今でこそ友好的ですが、ベトナム軍がカンボジアへ侵攻したり、カンボジアとタイでは国境紛争が起きたりと、暗い過去も横たわります。独裁者が強権を振るった国も複数あります。また国内少数派の宗教を信じている者が迫害されるケースはいまだに残っていて、大きな課題となっているのです。

2008年、インドネシアのジャカルタで行われたASEAN憲章発効の記念式典で、「もはや分断されて戦火に引き裂かれた東南アジアではない」とインドネシア大統領が述べたのは、それだけ過去に重い傷を負っている裏返しでしょう。

「豊かになりたい」という意識で統一しやすい経済はともかく、政治統合まで深めていく段階になるとまだ乗り越えるべき壁が数多くありそうです。

KNOWLEDGE OF INTERNATIONAL RELATIONS

9 TPPと太平洋の国々

巨大な経済圏が誕生するはずが……

環太平洋パートナーシップ協定（TPP）は2015年10月、参加国の「大筋合意」としてまとまりました。しかし、その後、主要メンバーであるアメリカのトランプ大統領が「離脱」を明言して漂流しています。

「協定」は「条約」とほぼ同じです。各国の代表者が集《つど》って合意・調印しただけでは終わりません（36ページ参照）。各国の議会などで批准する必要がありますし、協定の決めごとが国内法と異なる場合は対処が必要です。

例えば日本の著作権法は、音楽や書籍などの保護期間が作者の死後50年です。

しかし、TPPは70年としたので当然改正が必要。また同法違反は「親告罪」つまり著作者や権利の継承者が訴えない限り取り締まらないこととなっていたのを、TPPは訴えがなくても取り締まれる「非親告罪」としています。他にもTPPを受け入れるにはかな

TPP交渉参加国

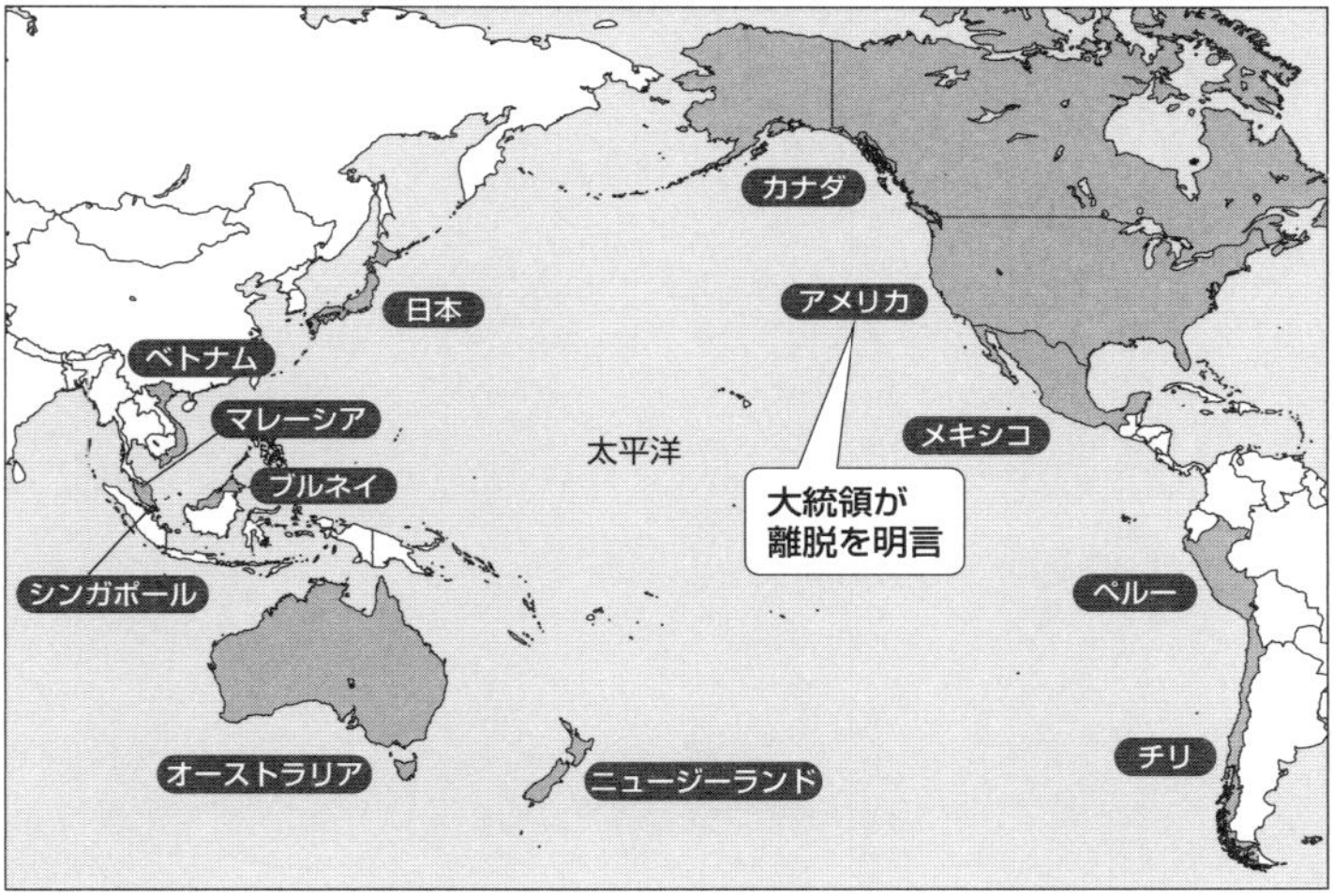

りの法改正や新立法が必要です。

参加国の中には、国内での手続きがうまくいかなかったり、下手をすると否決されてしまう場面もあり得ます。そこでTPPは柔軟な対応をするようなしくみを考案しています。

まず、参加12ヵ国のうち6ヵ国以上の賛同でいいとしました。大国でも小国でも国の数でカウントします。これは小国への配慮と見られます。

もう1つの条件は、賛同する国の国内総生産（GDP）の合計が、全体の85％以上となればいいというものです。域内1位のアメリカと2位の日本を合算するだけで約78％を占めます。大国が入らないとスタートできない制度で、TPPという経済連携協定が実際に意味ある役割を果たせるために考えられたと見られます。

このような条件がすべて整って最終的な「妥結」「発効」に至るのですが、アメリカが「離脱」するとこの条件がクリアできません。そのため、漂流してしまう可能性が非常に高くなりました。

●TPPの原点

ＴＰＰはもともと２００６年、シンガポール、ブルネイ、ニュージーランド、チリの４ヵ国が結んだＥＰＡに由来します。

２０１０年にアメリカ、オーストラリア、ベトナム、ペルー、マレーシアが参加し、以後アメリカ主導で関税の原則撤廃など高いレベルの自由化市場を作ろうという試みとなりました。**関税ゼロはもとより、著作権など知的財産権まで幅広い共通ルールを作って域内の活性化を目指すというのが大目標です。**もし実現すれば世界のＧＤＰの４割を占める巨大経済圏が出現するはずでした。

TPPの交渉参加国は皆APECのメンバーです。２０１２年からカナダとメキシコが、13年に日本がそれぞれ参加しました。日本が遅れたのは、ＴＰＰの自由度が高すぎて、特に国内の農産品が大打撃を受けるという反発が根強かったからです。

●アメリカ大統領が「離脱」を明言した理由とは？

それにしても困るのはアメリカの態度です。推進してきたオバマ大統領は演説で、「中国ではなく、我々がルールを設定する」「市場を開放し、労働者と環境を守り、アジアでのアメリカのリーダーシップを前進させる」「中間層のための経済だ」「過去の貿易協定と異なり、ＴＰＰは労働者や環境への強固な対応策を備えている」と意義を強調してきました。アメリカの利益と、アジア太平洋地域でリーダーシップが中国へ移る警戒感をあわせて説明してきたのです。

しかしオバマ政権下でさえ、「雇用が失われる」「安い製品の輸入で困る生産者がいる」といった反発が根強かったのも事実。トランプ新大統領はそちらの声を重視して、離脱へと舵を切ったようです。

10 アフリカ大陸の実情

団結しにくい理由とは？

人口の急激な増加にともなう若い労働力。エチオピアなどで見られる高い経済成長。アフリカは今、注目されているとともに課題も山積みです。

●イスラム教と政治

サハラ砂漠以北にあるイスラム教徒が多数を占める地域では２０１１年、民主化運動**「アラブの春」**によって、チュニジア、リビア、エジプトをそれぞれ長期独裁していた指導者が倒されました。発端となったチュニジアは割とうまく政権委譲が行われましたが、他は多難です。

例えばエジプトは、ムバラク大統領の独裁を打ち破った後に民主的な選挙で選ばれたモルシ大統領を、エジプト軍がクーデター（武力を背景にした政権転覆）でその座を追ってしまいました。

イスラム圏には主に4つの考え方があります。

①**イスラム穏健派**……イスラム教の信仰を大切にするも、政治への徹底的導入には懐疑的

②**イスラム厳格派**……イスラム法で国を治めようとする

③**世俗派**……イスラム教と政治と切り離した民主主義的なしくみを希求

④**軍**……世俗的傾向が一般に強い

チュニジアの場合は、イスラム政党と世俗政党の対立を中立の位置からなだめた**国民対話カルテット**（2015年ノーベル平和賞受賞）という団体の働きで、民主化への道筋をつけました。

他方、エジプトのモルシ大統領は、出身母体であるイスラム穏健派の**イスラム同胞団**との関係が険悪な軍と、穏健とはいえイスラム教を政治へ持ち込む政権に嫌気がさした世俗派の両方から支持を失い、クーデターにまで発展してしまったのです。

リビアは、カダフィ大佐という人がたった1人で全権を握る究極の独裁国家でした。殺害された後に世俗派の新政権ができたのですが、承服できないイスラム政党がしたがわず、無政府状態にまで陥りました。

●「部族」とアフリカ

アフリカを語る上で常に話題となるのが、**「部族」**の存在と対立です。

例えば、2011年に独立を果たした**南スーダン共和国**。キリスト教徒や伝統宗教の崇拝者が多い地域です。念願かなって独立したのに、2013年末頃から多数の死者が出る内乱状態に陥ってしまいました。背景にディンカ族とヌエル族の部族対立があるという観測がなされています。

ただ、この見方は、**アフリカの混乱を何でも部族対立にあるかのように説明したがる、主にアフリカを植民地支配していたヨーロッパ主要国による、一種の「偏見」が入っている可能性があります。**

ヌエル族とディンカ族に関しては「族」などと明白に区別できるほど違いがなく、研究も十分になされていません。ヨーロッパの主要国は、自らがウンザリするほど民族同士の戦争を長年続けてきたので、ついつい当てはめたくなるのでしょうが、実際はそう単純ではないようです。

●資源をめぐる争い

石油など天然資源に恵まれている国は、資源の有効活用どころか利権をめぐっての争いが盛んになされています。ボツワナのような成功例（49ページ参照）は残念ながらわずかです。

アフリカ東北部を流れる大河**ナイル川**の周辺国は、水をめぐる争いも収まりません。下流に当たるエジプトとスーダン（ともにイスラム教・アラビア人が主流）が、ナイル川の水を農業用水などに使う利権を長年山分けしていました。それに上流のケニアやウガンダ（キリスト教・黒人が主流）などが反発を強めています。

そもそも、ナイル川からの水不足はかねてからの懸案です。今後周辺国では人口が爆発的に増えると予測されており、水の確保は喫緊の課題です。

上流の国からすれば「自分の国を流れている水を自由に取って何が悪い」という話ですが、実際にそれをされると下流の国は大いに困ります。

●アフリカ連合（ＡＵ）の存在

アフリカには**アフリカ連合（ＡＵ）**という、55の国と地域が加盟し、法人格も持つ多国間組織が存在します。しかし資金が乏しい上、リーダーシップがあると多くが認める国家や個人の不在、国ごとの経済格差や個別の紛争、植民地支配をしてきた国（宗主国）の違いによるまとまりのなさ、独裁者への影響力行使不足といった欠陥が数多く認められ、発展途上の段階です。

また、1993年から開かれている**アフリカ開発会議（TICAD）**は、アフリカの開発を日本が主導する組織で、国連、世界銀行などと共催する形で行われています。

11 その他の世界の同盟や協定

これからの世界の姿が見えてくる

北米ではアメリカ、カナダ、メキシコの3ヵ国による**北米自由貿易協定（NAFTA）**が1994年に生まれました。

安い労働力であるメキシコ移民や同国への工場移転などで、特にアメリカでは「雇用が減った」という不満が少なからず見られます。

南米で近年注目されているのが、ブラジル、アルゼンチン、ウルグアイ、パラグアイ4ヵ国で構成され、1995年に発足した**南米南部共同市場（メルコスール）**。地域内の関税を取り払うなどEUに近いイメージを描いています。2006年にはベネズエラを正式加盟国に加えました。

発足当初の4ヵ国は、当時は貧困や失業を問題視している中道左派または左派政権であったという大きな共通項はあっても、アメリカやグローバリゼーションへの対応はさまざ

KNOWLEDGE OF INTERNATIONAL RELATIONS

ま。適切に折り合いをつけていこうとの穏健国から、一部の問題は譲れない、または対決するという国。そして後に入ったベネズエラの故チャベス大統領のように、明白に反米姿勢を打ち出している国もありました。他にもブラジルとアルゼンチンは双方とも地域大国のメンツがかかって、折に触れて対立もします。

●内陸・南アジアをつなぐ上海協力機構

内陸・南アジア方面で注目すべきは**上海協力機構（SCO）**です。

「上海」とあっても最初の協議が行われた場を名称にとっただけで、必ずしも中国主導を意味しません。タジキスタン、ウズベキスタン、カザフスタン、キルギスに、中国とロシアが入って加盟国を構成しています。

中国は、自国の内陸アジア方面にチベット問題などを抱え、ロシアもチェチェン問題を抱えています。そのため、最初はこうした紛争や過激な思想に対応しようという、一種の自己防衛連合の側面が強かったのが、次第に経済協力の機能も発揮しはじめました。

タジキスタン、ウズベキスタンとも豊富な地下資源を持っていて、今後よりこの資源を戦略的に利用していこうとの野心がうかがえます。２０１７年にはインドとパキスタンが正式加盟しました。南アジアまで機構が拡大したのです。

注目すべきは人口で、中国（1位）、インド（2位）、パキスタン（6位）、ロシア（9位）が含まれ、世界の4割を占めます。

さらにオブザーバー参加しているイラン、モンゴル、アフガニスタンなどを加えると、SCOの安全保障上の大切さが浮き彫りになりそうです。

先に挙げたチベットやチェチェン紛争に加えて、インドと中国のにらみ合い、アメリカを敵視するイランの存在、戦争が終わってもなお混乱が続くアフガニスタンへの対応など、内陸・南アジアを取り巻く環境は厳しいものがあります。SCOが、より親密かつ精緻な関係性を築いていけば、世界の中でも有数の国家連合に発展する可能性があります。

また、ソ連崩壊後の新たな秩序作りでロシアが熱心に取り組んでいるのが、**ユーラシア経済同盟**です。

旧ソ連構成国の経済圏の再統合がねらいで、ロシアの他、カザフスタン、ベラルーシ、アルメニア、キルギスが参加。やはりモノやカネなどの移動の自由が目的です。また、この5ヵ国にタジキスタンを加えた6ヵ国は、**集団安全保障条約機構**という一種の軍事条約に加盟しています。

第6章

戦後の国際関係の流れを知ろう

1

「冷戦」の誕生

資本主義諸国と共産主義諸国の対立

KNOWLEDGE OF INTERNATIONAL RELATIONS

第二次世界大戦最大の教訓は、「もはや戦争は得しない」でした。敗戦国はもとより戦勝国も、アメリカを除いて深刻な打撃を受けました。超大国であったイギリスですら、自国の通貨であるポンド安に見舞われて、その地位から転落したのです。

ただ、**アメリカだけ本土に何らのダメージも受けず、第二次世界大戦が巨大な公共事業の役割を果たして、経済的にも大復活します。**

●資本主義と共産主義

一方のソ連は、**資本主義**に対抗するため、共産党のみを指導政党とする政治システム（**共産主義**）を採用しました。

資本主義の「資本」とは何か。最もわかりやすいのがカネです。カネでほしいものを買うと私有財産となります。この「ほしい」を刺激すべく、企業（これもまたカネが資本金となって成立します）がさまざまな商品を売って儲けようと試みます。

企業は激しく競争し、よりよい商品を生み出せれば発展し、乗り遅れれば倒産してしまいます。しかも、ある企業が新たな「ほしい」を探り出したら、他社も一斉に追随するのが習いです。結果的にどこかの段階で「ほしい」が満たされてしまうと、商品は一転して売れなくなり、在庫に変わります。

このように、民間へ任せておくと「ほしい」が引っ張る好景気と、反動としての不景気が繰り返され、不安定になってしまうともいえます。

そこで不安定要因を除いたらどうかという発想が生まれます。これが共産主義です。問題の根本である私有財産そのものを否定して、国（国営企業）が管理します。そうすれば激しい競争も失業もなくなり、人々は安心して誇りを持って労働にいそしめます。不当に給料を下げられたり無理やり働かされたりもしません。

いわば、**カネをめぐって激しく競争したほうが全体として豊かになれるというのが資本主義で、物欲の象徴である私有財産を否定して安心して働ければ皆が幸せになれるというのが共産主義です。**

経済のあり方は、資本主義が原則として優勝劣敗の市場に任せるのに対して、共産主義は国家が方針を「5ヵ年計画」などとして定めます。

東西に分割されたドイツ

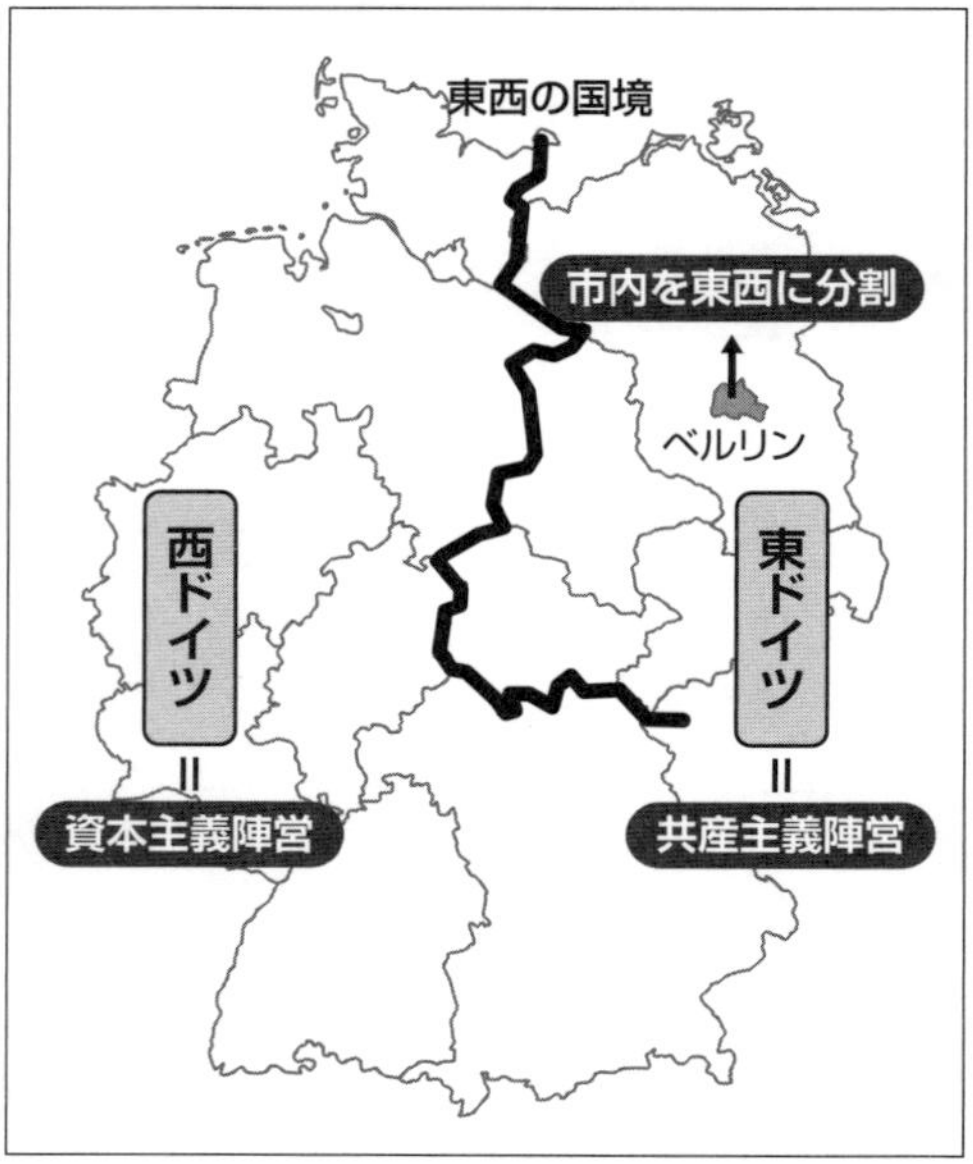

両者の思想は相容れません。したがって互いに相手を否定します。向こうの考え方が自国で広まらないよう、アメリカとソ連双方の、軍事力の強化へとつながっていきました。これが**「冷戦」**です。

冷戦初期の問題は、敗戦国ドイツの扱いでした。ドイツの西側を資本主義陣営の米英仏が、東側をソ連が分割管理します。首都ベルリンはソ連の管理下にポツンと取り残されましたが、やはり西側を米英仏が、東側をソ連が管理しました。

1949年には、西側が**ドイツ連邦共和国（西ドイツ）**、東側が**ドイツ民主共和国（東ドイツ）**となりました。ベルリン市内では、東から西へ脱出する者が絶えなかったので、東ドイツ政府は61年に「東西ベルリン境界の壁」**（ベルリンの壁）**を築いて流れを遮断してしまいます。

2

冷戦と核開発

核兵器が戦争を防いだ？

KNOWLEDGE OF INTERNATIONAL RELATIONS

アメリカとソ連の対立によって、ヨーロッパが再び戦火の舞台となることはありませんでした。背景には米ソの軍拡、特に核兵器の存在が、ある意味で両者をにっちもさっちもいかない状態にしてしまったという説があります。

第二次世界大戦終了時では、広島、長崎に原爆を投下したアメリカが、その時点で唯一の核保有国でした。しかし、１９４９年、ソ連が核実験に成功してアメリカの核独占が崩れます。91年のソ連崩壊まで続いた**「冷戦」は、そもそも核兵器の保持が出発点ともいえましょう。**

また、イギリスは１９５２年に、フランスは60年に核実験に成功。中華人民共和国も64年に成功を果たしました。現在、国連の「五大国」（155ページ参照）は皆、核兵器を保有しています。

ただし、核兵器の地球規模での拡散に対しては、保有国も含めて危機意識を持ちはじめます。そこで主に2つのしくみが編み出されました。

1つは、1957年に国連の一機関として設立された**国際原子力機関（IAEA）**。核兵器の拡散を防止し、原子力の平和的利用を目指すアメリカのアイゼンハワー大統領が設立を提唱しました。

オーストリアのウィーンに本部を置き、原子力が軍事転用されていないか検証する作業の他、原子力発電など平和的利用を目的とした核関連技術の研究・開発を手掛けます。また、核技術の軍事転用が不安視される国々には、査察や監視活動を続けてきました。

もう1つが、1968年調印で70年から効力を持った**核兵器拡散防止条約（NPT）**です。67年1月1日以前に核実験を行ったアメリカ、ソ連（継承国はロシア）、イギリス、フランス、中国を核保有国として限定し、それ以外の国の保有を禁止しました。一方で、保有国は核軍縮の努力を課され、非保有国には原子力の平和的利用が認められたのです。

核兵器拡散防止条約は、現在、最も核の脅威を遠ざける効力がある国際法とされる一方で、保有国を認めた時点で不平等条約だという反発も当初からありました。なおフランスと中国は冷戦終結後の1992年に加盟しています。

この条約に最も不満だったのは、隣国パキスタンとの紛争を抱えるインドです。インドは、1974年に核実験を行いました。98年にも実験を成功させますが、対抗するようにパキスタンの核実験も成功します。現在は、両国とも核保有国と見なされています。

インドもパキスタンも、核兵器拡散防止条約には入っていません。同じく未加盟のイスラエルも、現時点で核保有が確実と見られていますが、同国は公式には認めていません。

それでも、条約の一定の効果はあったようです。第二次世界大戦中から核兵器の開発を進めてきたスイスは1988年に、スウェーデンも70年に非核化しました。南米の二大国であるブラジルとアルゼンチンも保有を目指していましたが、ブラジルは88年に、アルゼンチンも90年に開発をやめたと宣言しています。

南アフリカは、採用していたアパルトヘイト（人種隔離政策）が1970年代頃から国際的非難の高まったのに対抗するように、77年に核実験を行いましたが、80年代後半に同政策を退け、保有核兵器をすべて廃棄したとされています。

核兵器拡散防止条約は、効力を持ってから25年後に、無期限延長か一定期間の延長にとどめるかを決める会議を開くと定めていました。その年である1995年に無期限延長と決まりましたが、決定に至るまでギリギリの攻防戦が続きました。特に核保有が確実視されるイスラエルと、開発疑惑が取りざたされていたイランを取り巻く中東の国々の賛成を得られるかどうかがカギとなったのです。

無期限延期されたとはいえ、今後の運用状況を話し合う再検討会議が5年に一度ニューヨークの国連本部で開かれています。2015年は該当年でしたが、議論を続けた結果、最終文書が採択されないまま閉幕してしまいました。

●キューバ危機と核問題

冷戦期の米ソ核問題が沸点に達したのは**キューバ危機**です。スペインの植民地であったキューバが、1898年の米西戦争によるアメリカの勝利をきっかけとして独立したのが1902年。以来、アメリカとキューバは友好国でした。しかし実態として今度はアメリカの植民地同様という不満がキューバ国民に出てきました。

1952年に大統領へ就任したバティスタ政権は独裁色が強く、また親米というよりはアメリカの操り人形のようなありさま。かつ、さまざまな不正や疑惑を持たれる腐敗した政権でした。それをゲリラ戦で打倒したのがフィデル・カストロ（後の国家評議会議長＝キューバのトップ）と盟友のアルゼンチン人チェ・ゲバラらの勢力です。大統領を追い出

アメリカのすぐ近くにあるキューバ

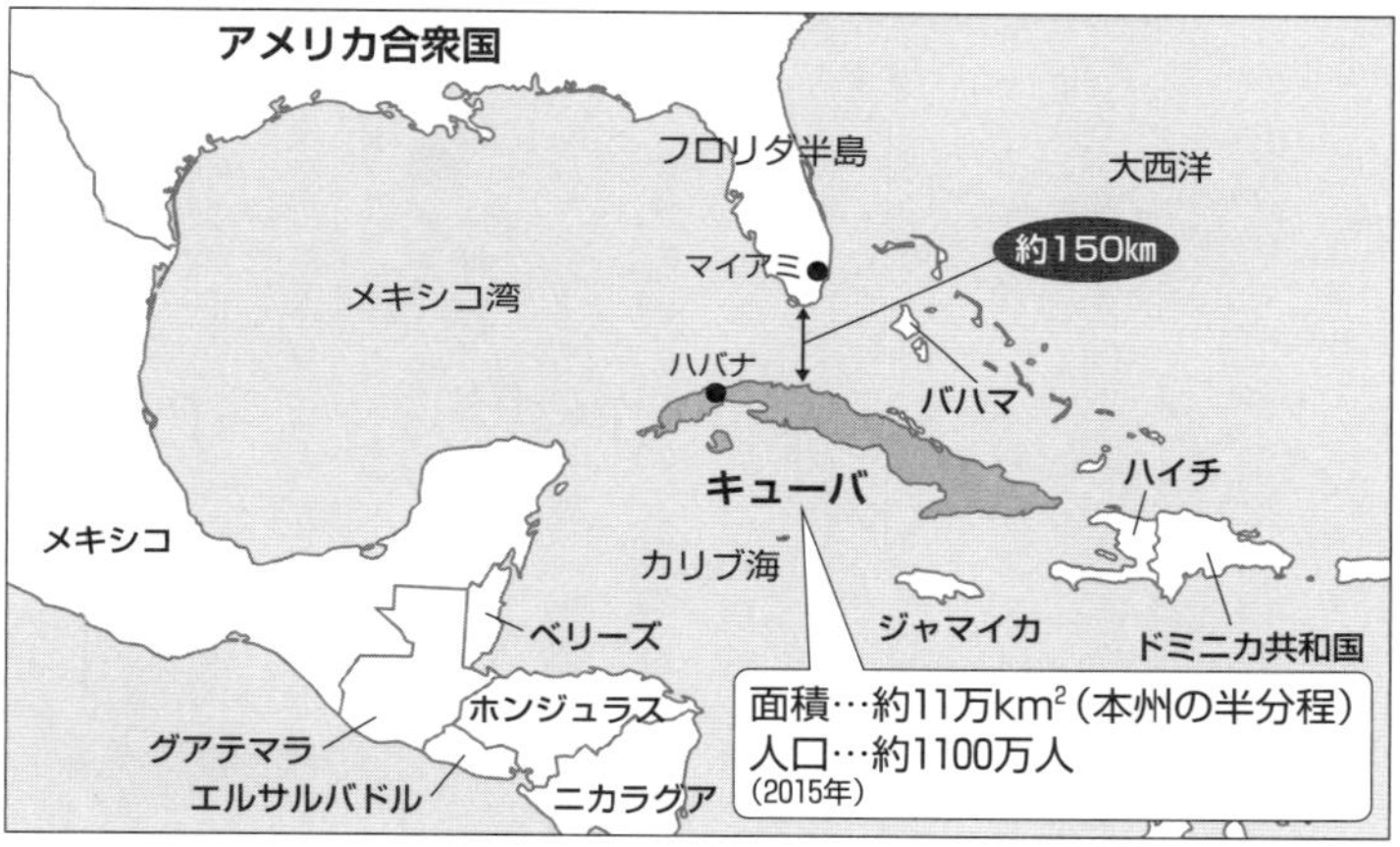

して1959年に新国家を樹立しました（**キューバ革命**）。

立役者のカストロは、当初必ずしも反米というわけではなかったようです。ただアメリカ側が親米政権を倒した人物を共産主義者ではないかと疑い、1961年に政権打倒の部隊をキューバに送り込みました。しかし、これは失敗し、カストロも親米路線では無理だと痛感、ソ連の軍事支援を求めてアメリカに対抗する方向に舵取りをしました。つまり、**冷戦構造がキューバを共産主義国家とした原因でもあり、結果でもあったのです。**

1962年には、キューバに核ミサイルを持ち込んでいると、アメリカのケネディ大統領がソ連を批判し、核戦争も辞さない態度を取りました。まさに「第三次世界大戦」勃発か、と高まった緊張は、ソ連がミサイルを撤去すると約束して終わります。これがキューバ危機です。

以来、アメリカは経済制裁などでキューバを追い込んで、反共勢力による「民主化」を待つ政策を続けてきましたが、うまくいきません。一方のキューバもカストロ議長のカリスマ的人気を基に体制こそ維持するも、国民生活は苦しいままでした。

●アメリカとの国交回復

このように**長年、敵対関係にあったアメリカとキューバですが、ソ連崩壊にともなう冷戦の終結といった国際環境の変化もあり、2015年、ついに国交が回復しました。**今後、さまざまなメリットがありそうです。

キューバの主産業の1つである観光は、目と鼻の先にあるアメリカと断交しているため限定的でした。カリブ海を舞台としたクルーズ船が往来したり、宿泊施設ができれば盛り上がるでしょう。またキューバはコバルトやニッケルといった鉱物資源に恵まれています。アメリカに嫌われないよう、キューバとの付き合いを自重してきた国々（日本を含む）も、「商機あり」とにらんでいます。

3 アジアでの「熱戦」
冷戦の代理戦争としての側面

ヨーロッパでこそバランスが保てた冷戦も、アジア地域では朝鮮戦争やベトナム戦争といった東西の代理戦争と呼べる「熱戦」となりました。

KNOWLEDGE OF INTERNATIONAL RELATIONS

●半島を二分した朝鮮戦争

朝鮮半島を植民地としていた日本が敗戦で撤退した後、米ソが半島を分割します。1948年に北緯38度線を境に南側に大韓民国（韓国）が、北側に朝鮮民主主義人民共和国（北朝鮮）が成立しました。

1950年、北朝鮮軍が南下して戦争がスタートします。緒戦は北朝鮮が圧倒したものの、アメリカを中心とする多国籍軍が韓国側で戦闘に参加。事態は一変して今度は北朝鮮が中国との国境付近まで追い詰められました。すると今度は、中国が「人民義勇軍」と名乗って北朝鮮側から参戦、元々の境界であった北緯38度線付近まで押し戻して動かなくなりにらみ合いとなりました。

1953年、休戦協定が中国、北朝鮮、アメリカを主体とする多国籍軍の代表などによって調印されます。韓国は署名していません。

「休戦」とは取りあえずの措置で、講和条約などで正式に戦争が終了するため、朝鮮戦争は国際法上まだ終わっていないのです。

●ベトナム戦争へとつながったインドシナ戦争

現在のベトナム社会主義共和国は、かつて北緯17度線で**ベトナム民主共和国（北ベトナム）**と**ベトナム共和国（南ベトナム）**に分かれていました。**ベトナム戦争は、アメリカが肩入れした南ベトナムと、ソ連と中華人民共和国が支援した北ベトナムおよび南ベトナム解放民族戦線（解放戦線）の戦いです。**

ベトナムを含む東南アジアの一部は、第二次世界大戦前までフランスの植民地支配下にあり、フランス領インドシナ（仏印《ふついん》）と呼ばれていました。日本が1940年に北部仏印に、41年には南部に進駐した後も、日仏のいわば二重支配（第二次世界大戦末の一時期を除く）となっていたのです。

1945年の日本の降伏で、共産主義革命家のホー・チミン率いるベトナム独立同盟会によって、ベトナム民主共和国の独立が宣言されました。これを認めないという態度を示したフランスとの間で戦闘状態に入り、1946年から54年まで続きます。これを**インドシナ戦争**といいます。

旧ソ連と1949年に建国した中華人民共和国は同じ共産主義陣営なので、ベトナム民主共和国を承認。対するフランスは、1945年まで存在したベトナムの阮《げん》王朝最後の皇帝、バオ・ダイを元首とした**ベトナム国**という操り人形政権を作って、これを承認します。反共産主義の立場からアメリカも、ベトナム国を承認しました。

1954年に結ばれた休戦のためのジュネーブ協定で、北緯17度線を軍事境界線とすることなどが取り決められました。ベトナム国は南に位置づけられ、貴族出身で阮王朝官僚でもあったゴ・ディン・ジェムが翌55年に、バオ・ダイに取って代わり、国名をベトナム共和国と改め大統領に就任しました。ジェム政権は急速に独裁化し、腐敗も目立ったので、アメリカは支持するものの、当初は間接的な援助に止めていました。

●「熱戦」の舞台となったベトナム

ベトナム戦争は宣戦布告が行われていないため、「いつから」とすべきか難しいところ

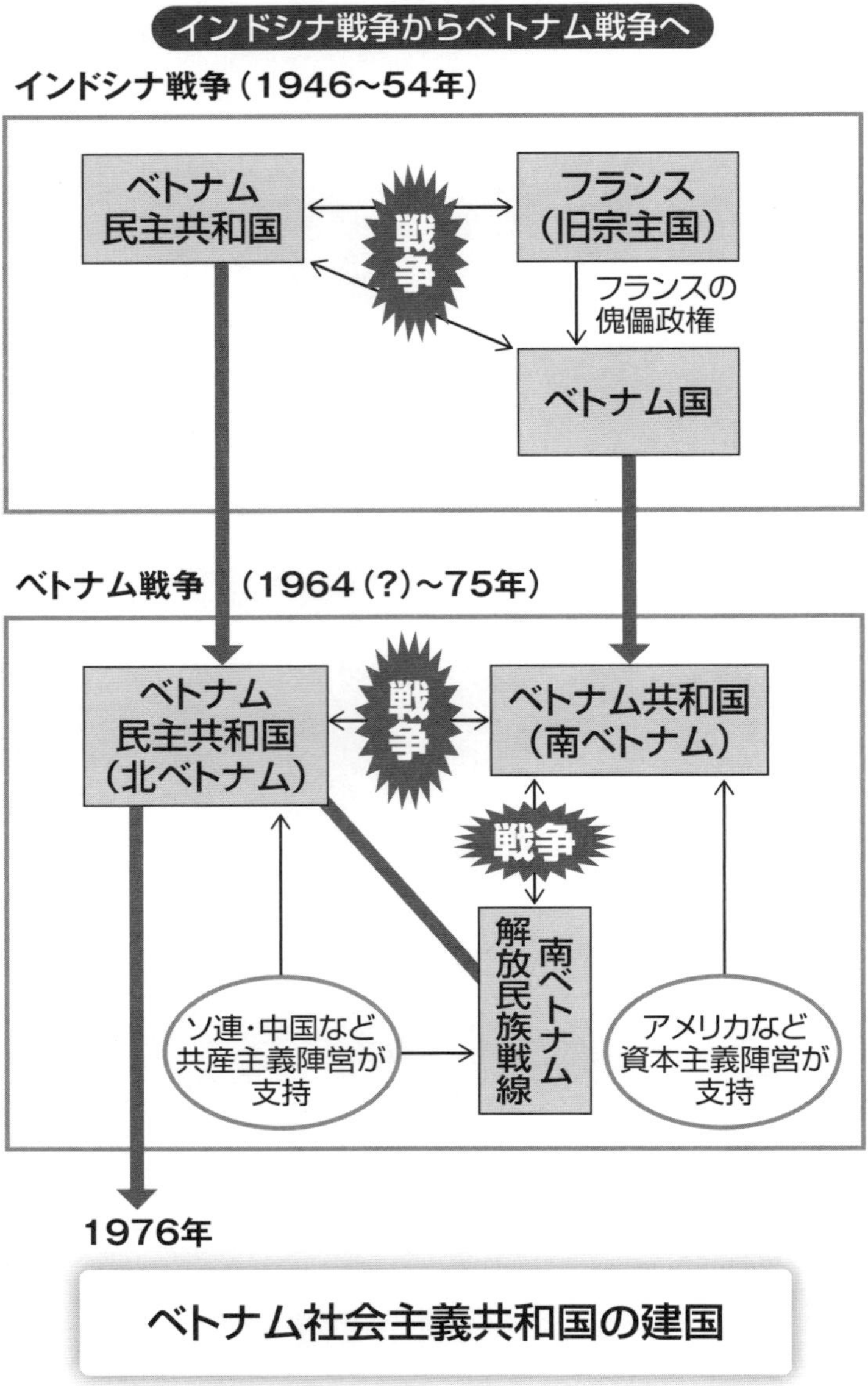
インドシナ戦争からベトナム戦争へ
インドシナ戦争（1946〜54年）
ベトナム
民主共和国
戦争
フランス
（旧宗主国）
フランスの
傀儡政権
ベトナム国
ベトナム戦争（1964（?）〜75年）
ベトナム
民主共和国
（北ベトナム）
戦争
ベトナム共和国
（南ベトナム）
戦争
南ベトナム
解放民族戦線
ソ連・中国など
共産主義陣営が
支持
アメリカなど
資本主義陣営が
支持
1976年
ベトナム社会主義共和国の建国

です。最も早期とするならばジェム政権下の1960年からの、南ベトナム内の共産主義組織である解放戦線と、ベトナム共和国との交戦でしょう。63年にアメリカの支持を得た軍部によってジェム政権が倒された後は、アメリカが直接軍事介入してきました。

1964年には、中国最南端の海南島とベトナムの間にあるトンキン湾で、軍事行動をしていたアメリカの軍艦が北ベトナム軍に二度攻撃されたとされる**トンキン湾事件**が起き、事実上のベトナム戦争の発端となりました。なお事件のうち、二度目の攻撃は今ではほぼでっち上げであったと認識されています。

議会から戦争遂行の権利を与えられたアメリカのジョンソン大統領は、報復として翌1965年から北ベトナム爆撃（**北爆**）を開始しました。戦略爆撃機B52を投入した無差別爆撃です。食糧を断つために穀物地帯を焼き払い、山を丸焼きにして北ベトナム軍や解放戦線の隠れ場を失わせるといった目的があったようです。

米軍も次第に増強されていきました。合計約300万人の兵士が投入され、約6万人が戦死したのです。

北ベトナム軍や解放戦線が得意としたのは、森林を利用した神出鬼没のゲリラ戦でした。また解放戦線の兵士の多くは軍服をまとわなかったため、米軍には一般人かそうでないかの区別がつかず、結果的に多くの民間人を犠牲にしてしまったのです。

ベトナム戦争の主な舞台

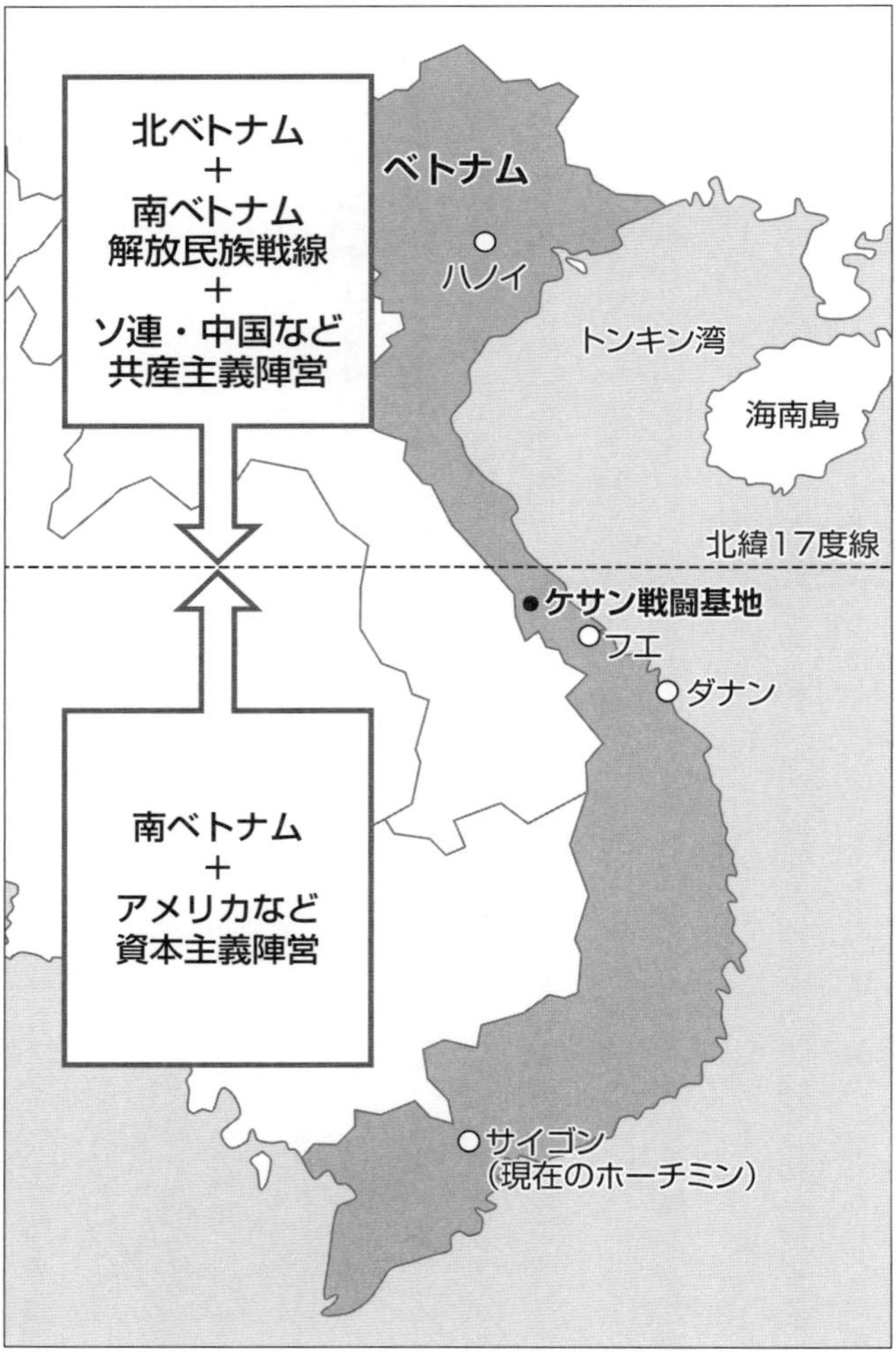

枯葉剤が散布されたのもこの戦争の大きな特徴でした。真の狙いは北爆と同じく、ゲリラの拠点となる森林や穀物を枯らすことであると見られています。問題はそこに毒性のあるダイオキシンが含まれていた点。枯葉剤を直接浴びなくても、混じってしまった水を飲んだら体に蓄積されます。散布地域に異常出産などの健康被害が出ており、因果関係が強く疑われているのです。

1968年になると、後述するアメリカ国内の厭戦《えんせん》気分に油を注ぐような戦局となりました。アメリカが設営した戦闘基地をめぐるケサンの戦いで戦略的に敗北したのに続いて、北と解放戦線が南ベトナムのフエ、ダナン、サイゴンなどで一斉蜂起したテト攻勢（テトとは旧正月のこと）の様子は市街戦の陰惨な光景を呈し、報道で目の当たりにしたアメリカの世論が一挙に反戦へと傾きます。

1969年からアメリカ、南北ベトナム、解放戦線の4者会議がパリで始まり、73年には和平協定が結ばれて米軍は撤退を開始。しかし南北の不和は解消されず、結局1975年4月、**南ベトナムの首都サイゴン（現在のホーチミン）が陥落し、南の降伏で戦争は事実上終了しました。**勝った北は南を統一して、翌年の**ベトナム社会主義共和国**建国へと至ります。

●反戦ムードとなったアメリカの世論

ベトナム戦争は独立運動であると同時に、アメリカを中心とする資本主義陣営（西側）が南を、旧ソ連を中心とする共産主義陣営（東側）が北および解放戦線を支持する、冷戦構造による代理戦争という側面もあります。

アメリカにとって対外戦争での明らかな敗北は初めての経験でした。共産陣営に敗北したというのも二重のショック。ただ、この敗北は内なる反戦機運が招いたともいえるのです。

戦争の初期は共産主義化を防ぐという名分に納得して、政府を支持する国民が多かったのですが、行き詰まり状態に陥っている状況を前にして、何のための戦争なのかと自問するアメリカ人が次第に増えてきました。アメリカが信奉する「自由のため」に戦っているのはいったいどちら側かと。

この頃は、米軍幹部の口こそ固かったものの、戦場での取材は比較的自由で、多くの記者やカメラマンが戦争の状況を伝えました。アメリカの部隊に従軍しながらでも取材ができたようです。特にテト攻勢の悲惨な映像は、当時普及しはじめていたテレビを通して家庭に届けられ、政権に打撃を与えたのです。

戦死者が増えるにつれて、戦場に送られる若者を中心に徴兵拒否が広がり、反戦デモが首都ワシントンで10万人以上の規模で繰り広げられました。「ラブ＆ピース」をうたう**ヒッピームーブメント**が席巻し、反戦を示唆する歌が多く作られます。「体制に挑戦して敗れる」というバッドエンドが目立った**ニューシネマ**の流行も最盛期を迎えたのです。

以後のアメリカでも折に触れて「ベトナム」の痛みがさまざまに表現されています。歌手のブルース・スプリングスティーンがケサンの戦いに触れた〝Born in the U.S.A.〟を発表したのは1984年。21世紀に入っても、アフガニスタン戦争やイラク戦争が泥沼化するたび「ベトナムの二の舞」といった表現が多用されました。

比較的自由であった戦争報道による反戦・反政府機運の盛り上がりを体験したアメリカの後の政権は、報道に対する規制を強めていきます。従軍取材、特に前線取材などは原則として認めず、軍の安全を脅かすとなればそれ以外の取材も禁止させます。

一方で「軍事拠点だけを攻撃していて、一般市民には被害を与えていない」といった、当局にとって都合のいい「絵」の提供は熱心になりました。こうした傾向は湾岸戦争あたりから顕著になり、「報道の自由」を訴えるジャーナリストとの確執が、時に報じられています。

●冷戦の終わり

冷戦はまず、ソ連の衛星国となっていた東欧諸国の民主化が、「終わりの始まり」でした。1989年にはベルリンの壁（236ページ）が崩壊し、東ドイツが西ドイツに吸収される形で、90年に統一されます。

ソ連トップのゴルバチョフ書記長は、行き詰ったソ連の改革を進めますが、その反発から、91年に保守派がクーデターを起こし、軟禁されてしまいます。

この軟禁は失敗に終わりましたが、その後、ソ連内での最大の国家であったロシア共和国のエリツィン大統領と、主要構成国のウクライナおよびベラルーシのトップとの会談（ベロベーシ会議）が行われ、「原同盟国がその意思をなくした」との形で、正式にソ連は崩壊したのです。

4 アラブとイスラエル

パレスチナ問題を中心に考える

KNOWLEDGE OF INTERNATIONAL RELATIONS

戦後の中東でたびたび紛争を起こすのが、**イスラエル・パレスチナ問題**です。イスラエルは主にユダヤ人で構成される国家。パレスチナ人と国土の領有で争っています。

●パレスチナに国を建てたユダヤ人

「ユダヤ人」の定義とは何でしょうか？　ユダヤ教徒を指すという説がありますが、イスラム教徒をイスラム人とか、キリスト教徒をキリスト人とはいいません。

「〇〇人」とは、ふつうは民族を表す表記です。民族とは言語など文化的一体性を相互に認識している集団です。確かにユダヤ人の多くがユダヤ教徒である一方で、ユダヤ教徒の子はユダヤ人との見方も当然視されています。

古代において国を亡くしたユダヤ人は、多くの迫害を受けながら世界中で生きてきました。現在ではイスラエルを除くとアメリカに多く、彼ら彼女らの多くはアメリカ人です。「アメリカ人のユダヤ人」が多数いるというわけです。

ユダヤ教徒とは、旧約聖書、より具体的にいえば、そこに出てくるモーセの教えに忠実な人々のことです。でもそうでもないユダヤ人も多数います。先に述べたように「ユダヤ教徒の子だからユダヤ人」の場合、子どもが両親の教えを必ずしも重視しないとしても、おかしくはないのですから。

永らく国を持たなかったユダヤ人にとって建国は悲願でした。19世紀後半頃からは、**パレスチナの地を「約束の地」（旧約聖書による）と考え、そこに国を造ろうとする「シオニズム」運動が、盛んになってきました。**

1917年には、当時パレスチナを支配していたオスマン帝国と第一次世界大戦で敵対していたイギリスが、このような運動を利用して第一次世界大戦の戦費をまかなってもらおうとしました。そこで、ユダヤ系の金融財閥のロスチャイルド家の気を引くために、書簡形式で「パレスチナにユダヤ人の民族的郷土を建設する」と約束しました**（バルフォア宣言）**。

イスラエルの建国そのものも、ユダヤ人がパレスチナを強奪したわけではありません。

現在のイスラエルとパレスチナ自治区

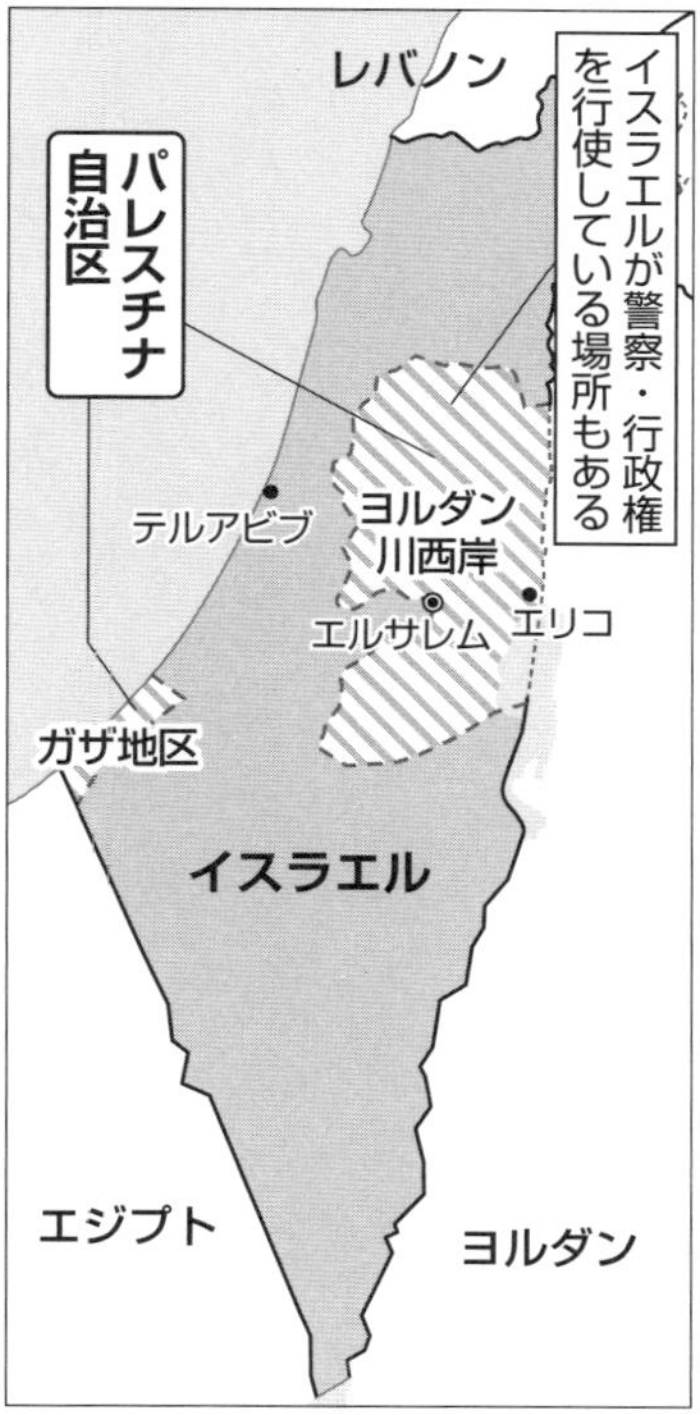

1947年に、イギリスによって統治されていたパレスチナに対する、「ユダヤ人にパレスチナの56・5%の土地を与える」という国連の分割決議を受け入れた結果です。

しかし、当地に先祖代々住んでいたパレスチナ人（パレスチナに住むアラビア人）が「そうですか」と受け入れるはずもありません。アラビア人に対しても、イギリスはオスマン帝国からの独立を認めており**（フセイン・マクマホン協定）**、彼らはその正統性を主張しました。有名なイギリスの二枚舌外交です。そのため、**イスラエル建国後の1948年に、第一次中東戦争が起こりました。**

イスラエルはアラビア人国家に囲まれており、どう考えても多勢に無勢でイスラエルの敗色濃厚だったところ、アラブ諸国の足並みがそろわず、まさかの勝利。結局イスラエル領は建国時の決議内容より拡大してしまいました。

1967年に発生した第三次中東戦争も、イスラエルがアラブに圧勝。エジプトからガザ地区を、ヨルダンからヨルダン川西岸を、それぞれ占領しました。

●パレスチナ人の独自を目指すPLO

このような情勢の中、イスラエル建国以来のいきさつで先祖伝来の地を失ったパレスチナ人が、自立・独立を目指すために集った組織が**パレスチナ解放機構（PLO）**です。

イスラエルはパレスチナ・ゲリラなどから攻撃されて日常生活が脅かされる状況をどうにかしたいと思う一方、パレスチナ側は自国民の領土確立を願っているという見方（平和と土地の交換論）から、紛争解決に独自のノウハウを持つノルウェー（76ページ参照）を仲介にして、イスラエルとパレスチナがノルウェーの首都オスロで秘密交渉を開始したのが1993年です。

その結果、両者は相互承認を行い、それを受けてアメリカのクリントン大統領もPLOをパレスチナの唯一の合法的代表と認め、同年9月13日にワシントンのホワイトハウスで、イスラエルのラビン首相とPLOのアラファト議長との間で**「パレスチナ暫定自治に関する原則宣言」（オスロ合意）**が調印されました。

翌年にはガザ地区とヨルダン川西岸のエリコでまず暫定自治が実施されます。その主体を自治政府と呼び、議長は大統領に当たります。

自治政府側としては、西岸地区のあちこちでイスラエル軍が警察権や行政権まで行使している現状を改善したいと思っています。ユダヤ人の入植（移住）がこの地域で進んでいるのにも反対。また第三次中東戦争によってイスラエルが占領した東エルサレムの帰属問題も残ったままです。自治政府はそこを首都と見なしており、イスラエルは当然認めません。

イスラエル国歌「希望」はマーチ調が目立つ各国の国歌とは趣が異なり、故郷への帰還と自由を希求する歌詞と悲しげなメロディーが胸を打ちます。

またユダヤ人は、第二次世界大戦で敗北したナチス・ドイツによって大量虐殺されるなどの悲劇を味わいました。

悲しくてつらい歴史を持つ民族が、これまた過酷な運命に翻弄されているパレスチナ人と戦闘に明け暮れざるを得ないめぐり合わせもまた悲劇です。

5 軍事とITのつながり

拡大を続ける「情報戦」の姿

KNOWLEDGE OF INTERNATIONAL RELATIONS

戦後の冷戦期には、盟主の米ソと影響下にある各国が自制して、核戦争という決定的な対立を避けながらも、限定的・局地的な争いをさまざまな地域や分野で繰り広げていきました。

「情報戦」もその1つです。「調略」などと呼ばれた昔から大切な敵攻略の手段でしたが、インターネットが全世界を覆い尽くした現在では、飛躍的に重要度が高まりました。

国家やテロ組織などによる「サイバー攻撃」は当たり前となり、情報戦の規模と範囲は拡大を続けています。

●証拠がつかみづらいサイバー攻撃

国家によるサイバー攻撃として有名なのは、イスラエルがシリアの核疑惑施設を空爆した際に行ったとされる防空システムへの侵入と無力化（２００７年）や、ロシアが実行したと見られる、エストニアの省庁や金融機関などのシステムを機能停止へと追い込んだDDoS攻撃（2007年）、ジョージア（グルジア）政府がロシアから受けたサイバー攻撃への反撃として、ハッカーのコンピュータを乗っ取り、搭載されていたWebカメラで撮影した顔写真を公開した事件（12年）、そしてアメリカ連邦捜査局（FBI）が北朝鮮によるものと断定した、ソニー・ピクチャーズ・エンタテインメントへのハッキングによる情報漏洩（14年）、などです。

しかも、これらはおそらく氷山の一角に過ぎないでしょう。**基本的にサイバー攻撃は、物理的な損害や通信障害のようにはっきりした形で影響が示されなければ、攻撃があったとの認識そのものがされにくい性質を持っている**ためです。攻撃を受けた事実自体が公表されないケースも多く、特定の国家が攻撃を実行したという確たる証拠がつかめない場合も珍しくありません。

そもそも、インターネットの祖先であるARPANET（アーパネット）は、1969年に、アメリカ国防総省の研究開発部門であるARPA（アメリカ高等研究開発局）主導で誕生したしくみです。本来その目的は、あくまでもコンピュータサイエンス振興のために、研究成果やリソースを地理的に隔たった大学間で共有することであり、国家間の抗争とはおよそ無縁な性質でした。

ところが**1990年のイラクのクウェート侵攻に端を発した翌年の湾岸戦争で、米軍はインターネットの有用性を知るようになり、以後軍事にも利用されるようになっていきました**。現在ではサイバー軍を設立した国も現れ、サイバースペースは陸・海・空・宇宙に次ぐ新たな戦場となってきています。

諜報《ちょうほう》（インテリジェンス）活動やプロパガンダといった、従来からある情報戦もまた健在で、ネットと融合しつつあります。

例えば、過激派組織「イスラム国」（ＩＳ）は、捕虜の処刑動画をネット上にアップロードしています。これによって、世界中へ衝撃をもたらすとともに、多様なバックグラウンドを持った世界各地のイスラム教徒を取り込み、彼らのいう「ジハード」（聖戦）へと駆り立てていこうと試みているのです。

6

これからの国際関係

新たな平和貢献の形を探る世界

ヨーロッパの多くは戦後、イスラム圏からの移民をたくさん受け入れてきました。中にはヨーロッパに根づいているキリスト教の価値観になじめない者も出てきます。そうした感情が原因で、欧米で生まれ育った移民系の人々が自国でテロを挙行する**「ホームグロウン・テロ」**が生まれているともいわれています。

また、内戦中のシリアや、事実上の無政府状態に陥っているリビアなどから大量の難民がヨーロッパに押し寄せています。ヨーロッパにとっては新たな**「難民危機」**が深刻化しているのです。難民の多くが目指す先はドイツ。堅調な経済力に加えて、憲法で難民の権利を認め、手厚く保護してくれるからです。ユダヤ人虐殺の過去を持ち、戦後は東西に分断されて東側から大量の同胞が移入してきた歴史がそうさせています。

こうした人道上の配慮だけではありません。ドイツは合計特殊出生率（1人の女性が一生の間に生む子どもの数）が1・47（2014年）と、少子化が叫ばれている日本の1・

KNOWLEDGE OF INTERNATIONAL RELATIONS

45（2015年）とほぼ同じです。現時点で労働者の人手不足が発生しており、その傾向は今後も続くと予測されています。そこで難民を労働者として受け入れようという計算もあるのです。

今のところドイツが、受け入れ政策を転換する可能性は低いでしょう。しかし、受け入れる難民の数が「あまりにも多すぎる」と疑問や反発が出てきているのも事実です。

また、EU内では今以上の難民の受け入れに消極的な国が少なくありません。

特に強硬なのはハンガリーで、自国を通過しようとする難民を遮断する政策を取っています。イスラム教徒がたくさん入り込んでくる危機感に加え、難民であれ移民であれ外国人の大量流入にもともと慣れていないといった理由が考えられます。

しかも、現時点での難民はヨーロッパへ行き着くまでの資金を持っている人たちです。その手立てがない国内避難民は、その倍ほどいると推測されます。今後、シリアなどの国内情勢が安定に向かわなければ、難民の数はもっと増えるでしょう。

●核兵器の廃絶は可能なのか？

核兵器の削減や全廃も見通しが立っていません。2009年、就任して間もないアメリカのオバマ大統領が「核なき世界」を目指す演説をチェコの首都プラハで行いました。

核兵器がある限り、アメリカは敵国を抑止する目的での保有を維持すると前置きをした上で、「核兵器を使用したことがあるただ1つの核保有国として、アメリカは行動する道義的な責任を持っている」とし、「核兵器のない平和で安全な世界を追求する」と約束しました。

具体的目標として**包括的核実験禁止条約（CTBT）**の批准を「ただちに、そして積極的に追求」するとしたのです。

この演説が評価されて彼にはノーベル平和賞が贈られました。「話しただけで平和賞？」とからかう向きもあったものの、最大級の核兵器保有国であるアメリカのトップが、総合的に核廃絶を目指す方針を示したのは初めてで、今後が期待されたのです。

CTBTは、今は許されている地下実験を含めたすべての核実験（爆発をともなう実験）を禁止しようという条約です。オバマ大統領は意気込みましたが結局、任期中、条約発効には至りませんでした。

また、2015年の核兵器拡散防止条約再検討会議（239ページ参照）では、非保有国の一部から核兵器禁止条約（NWC）の制定など、文字通り「核なき世界」を実現しようという流れがありました。しかし、これには、アメリカのみならず保有国が「とんでもない」と反応し、一蹴しています。保有国は特権をどうしても手放したくないようです。

●新しい平和貢献の形

それでも、非人道的な武器使用禁止を呼びかける姿勢も際立ってきました。

最も安価な武器の1つであるにもかかわらず、触れると命こそ助かっても大きな障害を負いかねない対人地雷を禁止する運動は、1997年にノルウェーの首都オスロで発議され、NGO（非政府組織）を巻き込む斬新なアイデアが功を奏し、1999年に**対人地雷禁止条約**として発効しました。

空中で大量の「子爆弾」をまき散らし、多くが不発弾となって地雷以上の脅威になっている**クラスター爆弾**の禁止も、ノルウェーが旗振り役になり、対人地雷禁止条約を参考にNGOも参加して、2010年に禁止条約が発効しました。

ただし、地雷、クラスター爆弾ともに大量保有国のアメリカ、ロシア、中国は禁止条約に参加していません。従来であれば「大国が参加しない条約など無意味だ」との理由で進まなかったのを、ノルウェーら有志国は小国であろうと賛同者を増やし、政府の枠組みを超えたNGOに助力を求めて国際条約を作り上げました。大国が参加していないとはいえ、こうした成り行きをまったく無視して各国が軍事強化へ進むことは、今後は間違いなくためらわれるでしょう。新しい平和貢献の形なのかもしれません。

索　引

あ 行

か 行

さ 行

た 行

な 行

は 行

ま 行

や 行

ら 行

わ 行

ABC

坂 東 太 郎 （ばんどう　たろう）
ニュース解説者。1962年生まれ。毎日新聞記者などを経て現在、日本ニュース時事能力検定協会委員、十文字学園女子大学非常勤講師などを務める。著書に『「政治のしくみ」が〈イチから〉わかる本』（日本実業出版社）、『マスコミの秘密』『時事問題の裏技』『ニュースの歴史学』（以上、アストラ）など。ニュース解説サイト「THE PAGE」にて「坂東太郎のよくわかる時事用語」を連載中。

“知《し》ってるつもり”から抜《ぬ》け出《だ》す！

「国際関係《こくさいかんけい》」の基本《きほん》が〈イチから〉わかる本《ほん》

2017年7月20日　初版発行

著　者　坂東太郎
発行者　吉田啓二

発行所　株式会社 日本実業出版社　東京都新宿区市谷本村町3－29 〒162-0845
大阪市北区西天満6－8－1 〒530-0047

編集部 ☎03-3268-5651
営業部 ☎03-3268-5161　振　替　00170－1－25349
http://www.njg.co.jp/

印刷／壮 光 舎　　製本／共 栄 社

この本の内容についてのお問合せは、書面かFAX（03－3268－0832）にてお願い致します。
落丁・乱丁本は、送料小社負担にて、お取り替え致します。

ISBN 978-4-534-05510-1　Printed in JAPAN